日本語教育はどこへ向かうのか

移民時代の政策を動かすために

編著＝牲川波都季
著＝有田佳代子
庵　功雄
寺沢拓敬

Kurosio くろしお出版

日本語教育はどこへ向かうのか―移民時代の政策を動かすために　目次

はじめに――動いている外国人受け入れ政策

牲川 波都季

二〇一八年問題と二〇二五年問題

二〇一八年には十八歳人口が減少に転じ、二〇二五年には団塊の世代が全員後期高齢者（七五歳以上）になります。この目に見える数値上の変化は、二〇一八年問題、二〇二五年問題と呼ばれており、少子高齢化が日本社会に問題をもたらすことは、避けられない現実のように思えます。日本が小さくなっていくというイメージを思い浮かべると、日本の経済活動を維持するために、外国人の受け入れ推進政策を矢継ぎ早に導入する政府の動きにも納得させられそうです。

外国人受け入れを推進する政策は、ここ一〇年で一気に加速しました。羅列的になりますが、本書の前提として関連政策を書きとどめておきたいと思います。

グローバル人材の獲得

二〇一八年問題に関連するものとしては、外国人留学生数を三〇万人にしようという「留学生三〇万人計画」が二〇〇八年に発表されました。二〇二〇年度までの達成をめざし、高等教育機関を主な対象として一連のグローバル人材育成推進事業が実施されてきています。

まず二〇〇九年には、優秀な外国人留学生の確保を目的とした「国際化拠点整備事業」、いわゆる「グローバル三〇《サーティ》」が始まりました。次に二〇一二年からは、日本人学生の海外留学推進や英語等の外国語能力伸長をめざした「経済社会の発展を牽引するグローバル人材育成推進事業」が実施されました。また、二〇一四年には、先の二つの事業を統合する形で、「スーパーグローバル大学創成支援事業」が始まり、二〇一八年一二月現在も継続中です。

外国人留学生の確保を目的とする場合、従来は日本語で大学教育を行うことが基本とされていました。一九八三年の「留学生受入れ一〇万人計画」発表後の関連政策を振り返ると、一九八五年には国立大学に日本語教員の養成課程が設置され、八六年からは日本語教育能力検定試験が始まりました。また、一九九〇年度に国立大学への設置が始まった留学生センターは、基本的に「日本語教育部門」「留学生指導部門」「短期留学部門」からなり、各部門に専任教員が配置されました（有川（二〇一三、三三頁）。留学生センターの設置開始年度については、文部省（一九九二、六二頁）参照）。留学生一〇万人計画を達成すべく、日本語教員の養成と配置、日本語教育の充実が重視されていたことがわかります。翻って、近年のグローバル人材育成推進事業を見ると、英語のみで学位が取得できるコースの設置やシラバスの英語化など、英語による教育に力点が置かれています（文部科学省、二〇〇九、一―三頁、文部科学省、二〇一四年四月、五―七頁）。日本語教育の充実もポイントの一つには入っているものの、世界中から優秀な留学生を集めるための要件として、国は大学教育の英語化を強く進めようとしてきています。

本書の第2章「学習者の変化に対応しポストを守るための留学生日本語教育と〈やさしい日本語〉」（庵功雄）は、英語中心の留学生受け入れ推進という政策方針に対し、高等教育機関の日本語教育はどう対峙すべきなのかという問いをめぐって、大胆な教育方法の転換を提案しています。方法を変えようという提案は実践的なものでもありますが、方法が変わるということはそれによって実現される目標も変わるということです。庵の提案は、まず第一に、教育政策がもたらす留学生の様々な変化に応じ、日本語教育のテニュア（任期なしの専任教員）ポストを守るという、身近で切実な問題への処方箋です。しかしそれだけでなく、日本語教育は何のためにあるのかという、根本の理念に転換を求める提案でもあります。

日本語学校という入り口

再び近年の外国人留学生受け入れ政策に戻り、民間も含めた日本語教育機関、いわゆる日本語学校に関連する政策を見ていきたいと思います。二〇一〇年には民主党による事業仕分けで、一般財団法人日本語教育振興協会が「日本語教育機関の運営に関する基準」および「日本語教育審査内規」に基づいて行ってきた、日本語学校の審査・証明事業が廃止となりました。この廃止以降、法務省の入国管理局が日本語学校の適格性を判断し告示校を認定してきています。ただし、二〇一六年に「日本語教育機関の告示基準」が策定されるまでは、いったん認定した告示校には更新審査を行わないという方針が採られたこともあり、入国管理局には日本語学校新設の申請などが数多くなされたと言われています（丸山、二〇一七、八五頁）。

二〇一六年に策定された「日本語教育機関の告示基準」は、日本語教育振興協会および入国管理局が使ってきた前述の基準に比べ詳細になり、厳しくなった部分もあります。たとえば、二〇二二年九月末までは猶予期間があるものの、配置が必要な教員数のうち二分の一以上が専任教員であることが定められ、日本語教育能力検定試験に合格していない場合、基本的に教員になるには最低でも四年生大学卒業以上の学歴が求められるようになりました（法務省入国管理局、二〇一六、三―四頁）。他方で、以前の基準では、校地や校舎は原則として自己所有とされていましたが、新基準では、設置者が校地・校舎の半分以上を所有しており、かつそれ以外の部分は、二〇年以上使用できる保証があれば借りている場合もよいとされました（法務省入国管理局、二〇一六、四―五頁）。

校地・校舎の設置に関する基準の追加が日本語学校の増加にどれほど影響を与えているかはわかりません。しかしここ最近、日本語学校数が急増しているのは確かです。二〇一七年末時点で法務省告示の日本語教育機関数は六四三校に上り、NHKの調査によれば三割がそれまでの五年で新設されたものでした（NHK、二〇一七年一二月）。また、日本語教育機関の在籍者の数は、特に二〇一四年以降、毎年新たに一万人以上増加しており、二〇一七年五月一日で七万八六五八人となっています。同時点での外国人留学生の総数は合計二六万七〇四二人で、その三割を日本語学校などに在籍する留学生が占めていることになります（日本語教育機関在籍者、外国人留学生数ともに、日本学生支援機構（二〇一七、二頁））。日本語学校などの教育機関の増加にともない、そこに在籍する留学生数も急増しているということであり、この伸びが続けば二〇二〇年を待たずに「留学生三〇万人計画」が達成されることはほぼ確実です。

さらに留学生の大学等の卒業後を見越して、就職支援策も推進されています。留学生の就職後の主な在留資格であった「技術」「人文知識・国際業務」は、従来はこのように二つに分かれていたため、文系学部を卒業した留学生が理系の職種に就く場合に資格審査が煩雑になるといった問題がありました。それが二〇一五年に「技術・人文知識・国際業務」に統一されシンプルになりました。また、二〇一六年の「日本再興戦略二〇一六」においては、外国人留学生の就職率を現状の三割から五割に上げるという数値目標が示され（閣議決定、二〇一六、二〇七頁）、翌二〇一七年には、大学等を卒業したのち就職活動のために在留できる期間が、条件付きではありますが従来の一年から二年へと長期化されました。同じ二〇一七年には、大学・地方自治体・経済団体の協力を促す留学生就職促進プログラム事業も始められました。

日本語教育振興協会によると、協会が認定している日本語学校を二〇一六年度中に修了した留学生のうち、七五・六パーセントが大学や専修学校等に進学しています（日本語教育振興協会、二〇一八、一一頁）。現在は、日本語教育振興協会の認定機関は法務省告示校の半数以下と限られていますが、筆者の勤務する学部の留学生を見ても、七～八割が民間の日本語学校出身ですから、大学等に進学する留学生の大半が日本語学校出身であることは間違いないでしょう。つまり日本語学校は、大学等を卒業した外国人留学生を日本の労働市場に送り出す、最初の重要な入り口と位置付けることができます。日本語学校在籍中のアルバイトも含めれば、人手が足りない業種を補う人材をすでに供給している組織とも言えます。

日本語学校は、人材としての留学生増加を支える核と捉えられるわけですが、そこで働く日本語教師は、労働に見合った処遇を得ているでしょうか。本書第1章「職業としての日本語教師――「奨学金返済ができないから夢をあきらめます」から考える」（有田佳代子）は、日本語教師がいまだ自活できる職業となりえていない現状と理由を、複数の視点から解き明かしています。日本語教師自身が貴重な人材として遇されていないなら、そのような体制で行われる日本語教育が有為な人材を育成することなど無理ではないでしょうか。有為な人材とは日本社会に益するという意味には限定されませんが、少なくとも日本語教師が生きていける、生きていてよかったと思える社会がなければ、その社会に自分が教える学生を送り出したいという意欲もも てないのではないかと考えます。

外国人介護人材・看護人材の獲得

二〇二五年問題については、外国人介護人材の受け入れ政策が近年急速に進められています。介護人材の不足は、二〇二五年に三八～四三万人、二〇三五年には最大で七九万人にも上ると予想されています（厚生労働省、二〇一五、二頁、経済産業省、二〇一八、一四頁)。看護人材も三～一三万人が不足するとされています(厚生労働省、二〇一六年三月、二〇頁)。経済連携協定(EPA)による介護士・看護師候補者の受け入れは、二〇〇八年からすでに始まっていますが、二〇一七年時点では受け入れ人数も国家資格取得にまで至った数もごく限られており、今後の不足を補う制度としては期待できません。

看護人材の不足について国は、国家資格保有者の復職支援や定着支援、離職防止という方針を示しています(厚生労働省、二〇一六年三月、二〇頁)。従来の看護人材養成制度では、外国人受け入れのために養成所側に課せられる要件が非常に厳しく、外国人が看護師の国家資格を取得する道は前述のEPAによるもの以外、ほぼ想定されていなかったと言えます。これまでの有資格者がもっぱら日本人だったことを考えると、復職・定着、離職防止支援も日本人を対象とした政策です。介護人材に比べると予測されている不足人数も小規模のためか、国は外国人看護師の受け入れ推進をあまり大っぴらには提唱していない印象を受けます。しかし実際には、二〇一六年に、看護師養成所に課された外国人留学生受け入れ要件が大幅に緩和されるとともに、留学生には禁止されていた、養成期間中の医療機関でのアルバイトもできるようになりました(厚生労働省、二〇一六年一一月、一―二頁)。

介護人材については相当の人数不足が見込まれており、看護人材以上に、外国人によって補おうとする政策が次々と実施されています。以前は介護職は専門職とみなされておらず、EPAの特例でのみ就労が可能でした。しかし二〇一六年に在留資格「介護」の新設が決定され、二〇一七年九月に施行されました。これにより、介護士の養成施設を卒業し国家試験に合格すれば、在留期間の更新回数に制限なく、介護士として日本で就労することが可能になりました。なお、二〇二一年度の卒業生までは、卒業後五年以内に国家資格に合格すればよいという経過措置もあります。

二〇一七年一一月には、外国人技能実習制度の技能にも介護が加えられました。外国人技能実習制度では最長で五年の在留が可能ですが、介護技能で実習を開始するには日本語能力試験四級（N４）程度以上の日本語能力が要件とされ、二年目に進むためには三級（N３）程度以上が求められています。この日本語能力の要件をめぐっては、政府の検討段階で日本語教育学会から、N４という開始当初の要件は不十分である等の要望書が出されました（日本語教育学会、二〇一五）。この後も学会が働きかけを続けたこともあり（日本語教育学会、二〇一七）。法律の付帯決議の中に、適切な日本語レベルに達するための対応策を定めた上で介護分野を追加することという内容が盛り込まれました。ただし開始時の要件をN４程度以上とすることは覆りませんでした。その後、介護が技能実習の分野に加わって間もない二〇一八年三月には、実習生送り出し国からの、二年目の実習に進むためのN３合格という要件は厳しすぎるという声を受け、官民合同の協議会が介護分野のための新しい試験の実施を発表するといった動きも報じられました（朝日新聞、二〇一八）。

さらに二〇一八年一二月には、改正入管法が成立し、在留資格「特定技能一号・二号」の新設と二〇一九年四月からの実施が決定しました。この「特定技能一号」の適用産業分野の一つにも、介護は含まれています。

「特定技能」の新設

「特定技能」とは、特定の産業分野で即戦力となる外国人の在留を認める資格です。「特定技能一号」では、通算五年まで在留できるようになりますが、家族の帯同は認められていません。またこの資格で就労できる分野は、介護のほか、建設や農業、飲食料品製造など一四分野です。「特定技能二号」は、一号より高度な業務に従事するための資格で、在留期間の更新回数に上限がなく、家族も帯同できます。「特定技能」の新設によって、これまでは非熟練労働（いわゆる単純労働）だとして就労が認められなかった分野での、外国人の就労が可能になります。

ただし、非熟練労働者としての外国人の就労は、これまでも全く認められてこなかったわけではありません。建前上は実習を目的としながらも、実質的には非熟練労働を担ってきた技能実習制度によるものを除いたとしても、期間や地域を限定しての受け入れはすでに始まっています。東日本大震災の復興と東京オリンピック開催に向けた人手不足を補うために、建設、造船分野では二〇一五年から、期間を限定しての特例的な就労事業が実施されています。また、二〇一八年の三月からは、特区に限定されてはいますが、農業でも外国人の就労が可能になっています。このような期間や場所を限った特例的事業の延長上に、今回の「特定技能」の提案と新設がなされたと私は理解しています。

二〇一八年一一月、政府は「特定技能一号」について、二〇二三年度までの五年間で三四万五一五〇人を上限とすることを発表しました。「特定技能一号」の取得要件は、各種の試験に合格するか、既存の外国人技能実習制度の第二号技能実習を修了することですが、第二号技能実習を修了するまでには三年、第二号の継続資格である第三号技能実習までを修了するには五年かかります。よって、第二号または第三号技能実習を終えてから「特定技能一号」の資格に移る外国人は、通算で八～一〇年間は日本に居住できるようになります。在留期間の更新回数に上限のない「特定技能二号」に関しては、当面、建設と造船の二分野に限ると発表されていますので、すぐに外国人永住者が急増するということはないでしょう。けれども、「特定技能一号」の新設により、非熟練労働分野での外国人の就労が全国で一斉に始まり、今後五年間で最大三四万人超の外国人が、日本各地で長期に暮らすようになる道が拓かれたのは確かです。

では、「特定技能」資格を取得するための、日本語能力の要件はどのようなものでしょうか。この要件は、日本社会に長期で暮らす外国人を、国がどのような存在としてみなしているかの指標になりえます。

政府が示した「経済財政運営と改革の基本方針二〇一八」（いわゆる「骨太方針」）と、今回の入管法改正前にその概要を示した資料によれば、「特定技能一号」は、「日本語能力試験等により、ある程度日常会話ができ、生活に支障がない程度の能力を有することが確認されることを基本としつつ、受入れ業種ごとに業務上必要な日本語能力水準を考慮して定める」（ただし、技能実習三年修了者は確認試験免除）とされています（閣議決定、二〇一八年六月、二七頁、法務省入国管理局、二〇一八、二頁）。報道は、原則として求められる日本語能力について、日本語能力試験のN4だとしていますが（日本経済新聞、二〇一八年五月）、日本語教育関係者にとって、N4が、「ある程度日常会話ができ、生活に支障がない程度の能力を有する」ことを確認できるレベルという実感はないのではないでしょうか。また、先の「骨太方針」等は、この日常生活レベルを基本としつつ、業種ごとに業務に必要な日本語能力のレベルを定めるとしており、一読では、より高いレベルが必要であればそのレベルを求める場合もあると理解できます。しかし、これも同じ報道によれば、建設、農業分野はN4レベルも求めず、たとえば農業では「除草剤を持ってきて」という質問に当たる写真を選べれば採用するとのことで（日本経済新聞、二〇一八年五月）、日本語能力要件の下限を広げるという意味のようです。仕事に関わる決まった表現を理解できればよいということであり、少なくとも来日した当初は、外国人が自分の意志や思いを発信し、仕事や地域生活に参画することは想定されていません。

外国人の日本への居住・就労が促されているのは、少子高齢化という日本の人口構造の変化に対処するためです。将来日本人と同じように働くことができる人材としての留学生、高齢化がもたらす介護・看護分野での圧倒的な人手不足を補う留学生や技能実習生、オリンピックなどの特需や日本人の担い手が足りないことが原因となり、就労と永住への入り口が用意された「単純労働者」としての外国人。本書第3章「ポリティクスの研究で考慮すべきこと——複合的合理性・実態調査・有効性」（寺沢拓敬）は、英語教育政策研究を一つの材料として、従来の「実態」調査（特に質的調査）の問題点や、因果関係モデルによって政策提案の実現可能性を総合的・長期的に判断する必要性を論じています。では、日本語教育政策研究という分野があるとして、それはどこのどのような「実態」を捉えるべきなのでしょうか。また、何に対するどのような提案の実現可能性を検証すべきなのでしょうか。

本書の出発点と目的

本書には、第1章で日本語教師が自立可能な職業ではない理由、第2章で英語中心の留学生受け入れ政策に対抗するための〈やさしい日本語〉、第3章で本当に実現可能な政策提案をするための言語教育政策研究と、かなり異なったテーマの論考が集まっています。また、編者の私も含め執筆者それぞれの教育研究の分野や関心も違います。けれどもそれらの視点が合わさることで、にわかに需要の高まりを見せている日本語教育界にありながら、なぜかこの状況を手放しでは喜べない人にとって、どうしてそうなのか、これからどう考えていけばいいのかに、少しずつヒントを与えてくれる論考集となったと思います。

また、有田、庵、寺沢三氏それぞれの論考の後には、この三氏と牲川とで行ったディスカッションを付しました。

本書のそもそもの出発点は、牲川がコーディネーターを務めたシンポジウムにありました（言語文化教育研究学会第三回年次大会・大会シンポジウム「言語文化教育のポリティクス」、二〇一七年二月二五日、関西学院大学）。私たちは、このシンポジウムの準備として、互いの発表要旨をめぐりメールで意見交換を行いました。そして、シンポジウム終了後、その記録を学会誌に掲載するためにコメントを送り合ったところ、教育研究の場や立ち位置が異なるからこそなのか、やりとりは尽きることなく書評に相当するような量と質になりました。この流れの中で、各自がシンポジウムの発表原稿を改めた上で、論考をめぐってのディスカッションを行い、それらをまとめて公開することで、日本語教育の様々な現場の方たちと考えていくきっかけとしたいという話になりました。

ディスカッションでは、いままさに渦中にある問題の実状を露わにしつつ、その実状に対し、研究者として教育者としてどのような提案と実践ができるのかを話し合いました。ポリティクスをめぐって日本語教育は下請け状態を脱することができず、目前の政策決定と実施に対応するという動きになりがちです。本書の著者たちはこの対応の重要性と難しさを知っており、新たな提案を行いたいと願いながら、同時に、たとえ政情が変わったとしても変わることのない、日本語教育にとっての永遠の課題にも向き合いたいと考えています。ディスカッションの話題は現在が中心となりましたが、異なった立場の研究者の見方を知りたいという気持ちがあり、これまでとこれからに関わるような問いと答えにも広がっていきました。各著者の論考の続きとしてはもちろんのこと、ディスカッションのみを読んでいただくこともできる内容です。

各章の執筆時期

最後に、本書には時事的な内容が多数含まれているため、どの時点までの情報を踏まえたものかを記します。ただし文献の書誌情報（巻末）については、本書発刊直前の最新情報をできるだけ反映するようにしました。

はじめに　二〇一八年一二月一五日

第1章、第2章、第3章

二〇一八年一二月一五日（二〇一七年二月二五日の発表原稿を元に、大幅に加筆修正）。

ディスカッション1、2、3　二〇一八年八月二三日
まとめに代えて　二〇一九年二月一五日
なお、文献名等の固有名称内のアラビア数字については、本書の縦書き書式に合わせ、漢数字に変更しました。

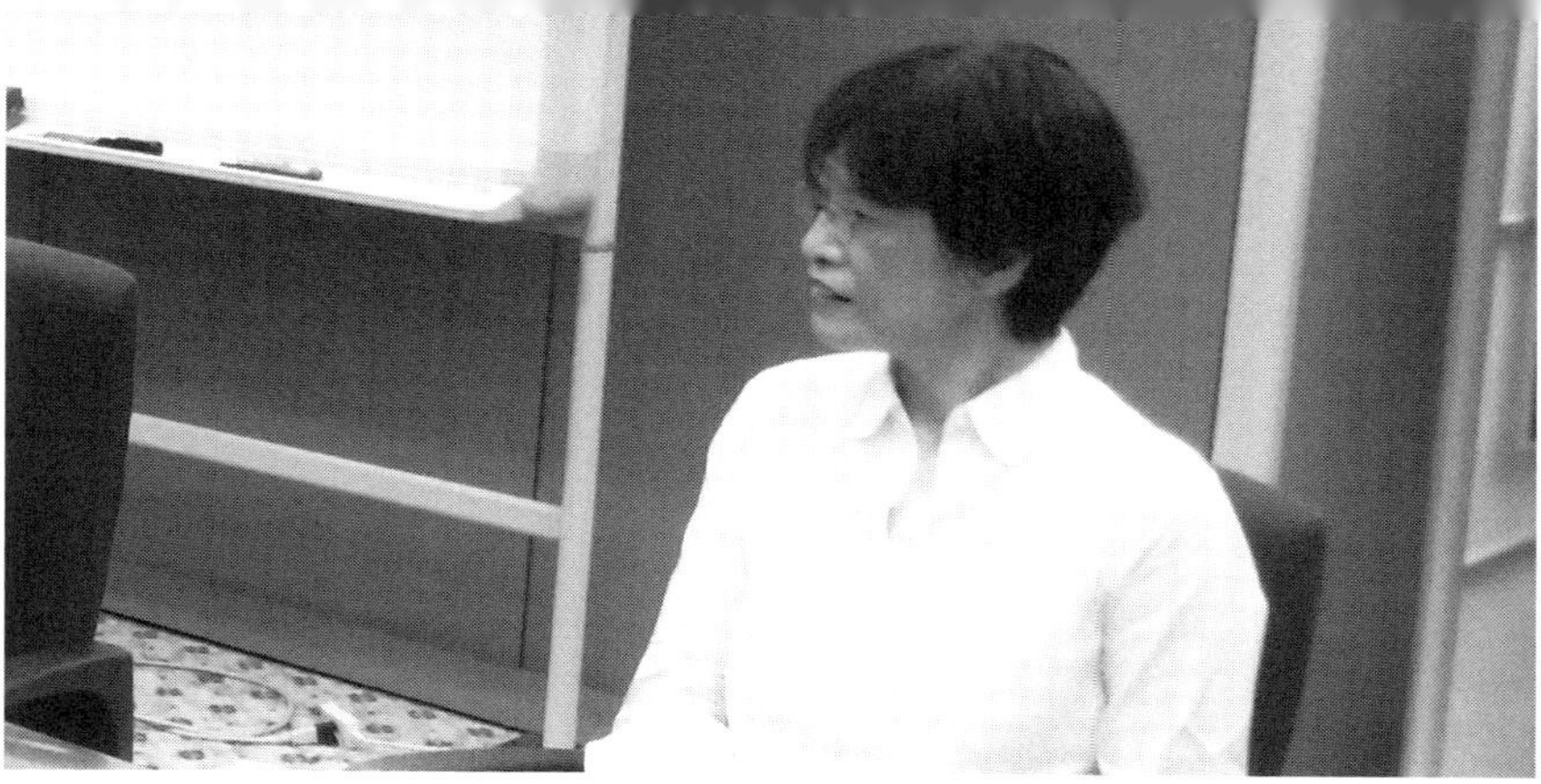

第1章　職業としての日本語教師
――「奨学金返済ができないから夢をあきらめます」から考える

有田　佳代子

来日する留学生が近年急増し、日本語教師の「売り手市場」ともいえる現況である一方、若者の「日本語教育離れ」も同時に指摘できます。若者が日本語教育界へ容易に新規参入できないのは、端的に言って雇用条件や労働環境の不安定さに原因があります。この第1章では、一九九〇年代から指摘されてきたこうした問題点が、なかなか改善されない要因について考えます。そして、わたし自身を含む当事者としての日本語教師は、また日本語教員養成にかかわる者は、今、何ができるのかを考えていきます。

キーワード　留学生三〇万人計画、若者の「日本語教育離れ」、日本語教育現場の労働環境二〇〇八年の日本政府による「留学生三〇万人計画」は、二〇一八年五月で二九万八九八〇人にまで増加し（日本学生支援機構）、目標の二〇二〇年を待たずに達成する勢いです。この留学生数の増加に伴い、法務省入国管理局は二〇一六年七月に、留学生を受け入れる日本語教育機関の新基準を策定しています。続いて文部科学省が、その日本語教育機関で教える教員の要件として「法務省による日本語教育機関の告示基準の策定に伴う法務省告示日本語教育機関の教員の要件に該当する『日本語教育に関する課程』について」を発表し、日本語教員養成についても新基準を示しました。

さかのぼって一九八三年に中曽根内閣によって「留学生一〇万人計画」が発表された折、林（二〇一六）によれば、当時の日本語教育関係者は「長年にわたって、日陰者扱いであった日本語教師が、やっと公に認められ陽の光を浴びられる」（五四頁）と、にわかに勢いづいたのだそうです。

二〇二〇年にオリンピック・パラリンピックを控えて外国人の流入が増え、留学生数も政府の目論見通りに増加していくなか、現在のわたしたち日本語教育関係者は「勢いづいて」いるでしょうか。後述するように、日本語教員の「売り手市場」が近年発現したり、また二〇一八年五月に超党派議員による「日本語教育推進基本法案」が公開され法的根拠の基盤ができつつあったり、「明るい」変化の兆しはあります。しかし、現状では依然として、丸山（二〇一五、二〇一六）によって分析された「日本語教師は食べていけない」言説は、たとえばわたし自身の職場（二〇一八年一二月現在 敬和学園大学）で本章副題に示したような経済的理由で日本語教師になることを当面あきらめざるを得ない学生がおり、部分的にではあれ、現実です。さらに、奥村（二〇一七）によれば、次のような日本語教師をめぐる「都市伝説」さえあるそうです。「日本語教師は、努力と忍耐が必要であるにも関わらず、買い手市場であるため専任の道が狭く、特に男性はライフワークとして選べない」、「日本語教師は、いつでも誰でもできるから新卒者が敢えて選ぶ職業ではない」、「海外の大学では、韓国のみならず中国やインドネシアでも大学院以上の学歴と経験を要求し、日本人なら誰でも教えることが出来、職に就ける時代は終わっているのにも関わらず、日本では未だに日本人なら誰でも教えられると信じて疑わない時代錯誤が継続されている場面が見受けられる」（奥村、二〇一七、五四頁）。

本章では、まず日本語教師の就労を取り巻く現況について概観し、次に、そのような状況がなぜ起こるのか、について考えます。そして、そうした状況下で、わたし自身を含む当事者としての日本語教師は、また日本語教員養成にかかわる者は、今何ができるのかを考えていきます。

一　現況——日本語教師の「売り手市場」と若者の日本語教育離れ

ビジネスニュースサイト『東洋経済ＯＮＬＩＮＥ』には、二〇一五年五月一二日付けで「主婦にひそかな人気『日本語教師』は稼げるか」（金子、二〇一五）が掲載されました。副題は「気になる時給とやりがいは？」です。そこには、日本語教師養成講座担当者の話として、「かつては（養成講座）修了後もなかなか就職先が決まらないという時期もあったが、

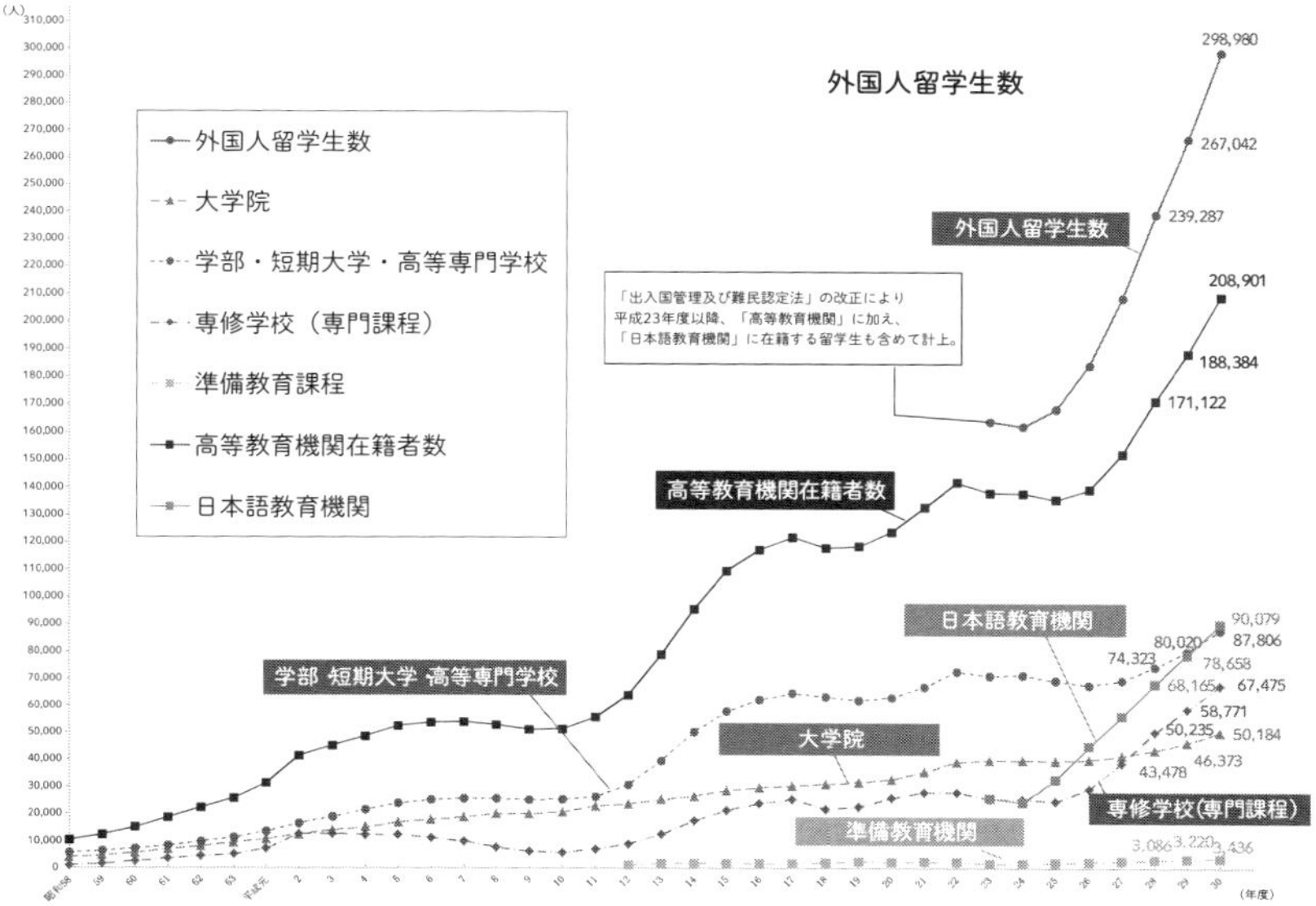

図１　外国人留学生数の推移（日本学生支援機構、2019）

今は売り手市場だ」、「他校から『（養成講座）修了生を紹介してもらえないか』という問い合わせをもらうこともある」とあります。

この記事のとおり、日本語教師の主要な「顧客」である留学生数は、上述した「三〇万人計画」などの影響により、急激に増加しています。在留資格「留学」と「就学」が一本化された二〇一一年以降の推移は、独立行政法人日本学生支援機構（JASSO）の平成三〇（二〇一八）年度外国人留学生在籍状況調査結果によれば、図1のとおりです。学生全体で前年度比一二・〇パーセントの増加、大学院・大学でも増加している（八・二パーセント、九・四パーセント）のですが、特に短期大学で二七・四パーセント、専門学校で一七・〇パーセント、日本語教育機関（日本語学校等）で一五・四パーセントと大幅に増加しています（ただし、二〇一五年・二〇一六年など数年前に比べると現在の増加率は若干鈍化しているようです）。このような数値から、前述した奥村（二〇一七）に示された「都市伝説」にある「買い手市場」の時期はいったん去り、現況では確かに日本語教師の不足、すなわち「売り手市場」ということが言えそうです。

では、次に日本語教師の年齢層を見てみましょう。図2は、国内だけのデータですが、文化庁の日本語教育実態調査によれば、全体で三万九五八八人の日本国内の日本語教師のうち、五〇代以上が半数を占めます。これは、もともと日本語教師

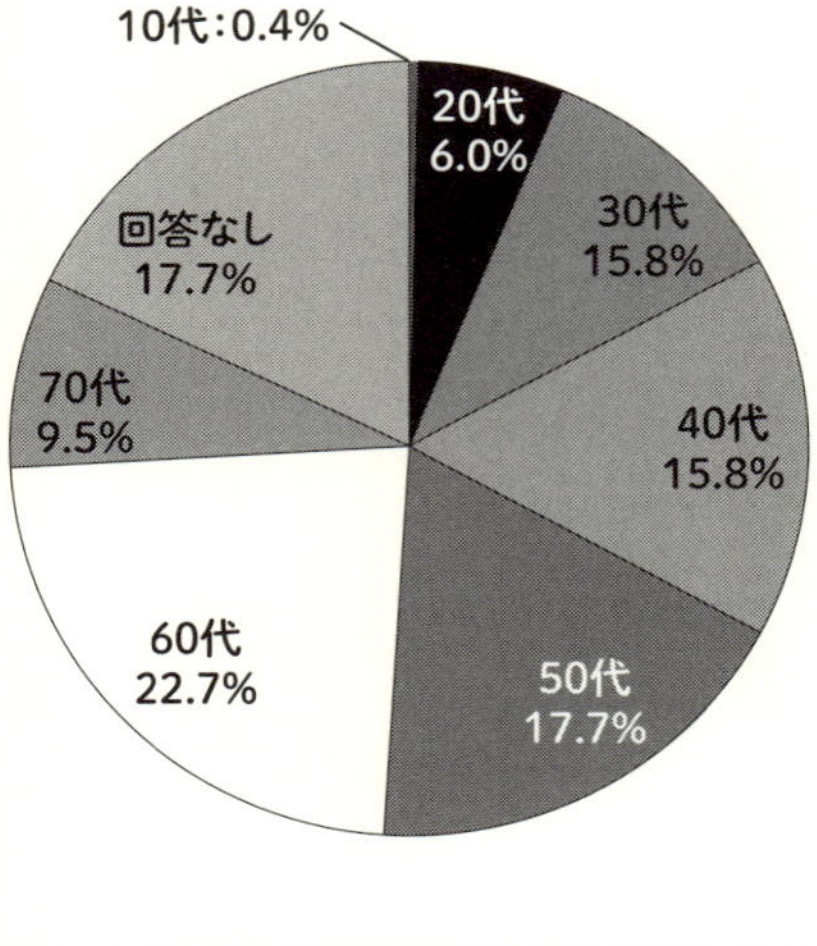

図２　日本国内の日本語教師の年齢別内訳（2017 年 11 月 1 日現在）
（文化庁（2017、10 頁）より作成）

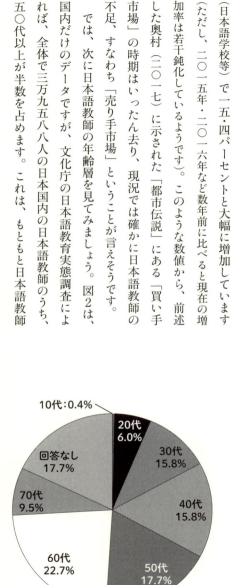

だった人が年月を経て高齢になったというケースよりも、新規参入の日本語教師の年齢が高いということが、図3から言えそうです。図3は、公益財団法人日本国際教育支援協会による日本語教育能力検定の受験者年代別比の推移を示していますが、三五歳未満の受験者が平成一四（二〇〇二）年には七〇パーセントだったものが、平成二八（二〇一六）年には全体の四五パーセントほどとなっています。一方で、五〇代以上の受験者は、同様の期間に一〇パーセントから三〇パーセント程度と、三倍以上に増加しています。これらのデータを見ても、「売り手市場」ではありながら、若者たちの日本語教育離れは、確かに起きているということが言えそうです。

たとえば、一九八八年に発刊された日本語教育専門雑誌『月刊日本語』が二〇一二年に季刊となり二〇一三年に休刊となった原因も、丸山（二〇一六）では若者の日本語教育離れが進んだ結果とみることが妥当だとされています。

二　労働条件・労働環境の不安定さ

若い層の日本語教育離れの原因は多くの場合、端的に言って、労働条件・労働環境の悪さです。具体的には、本章副題

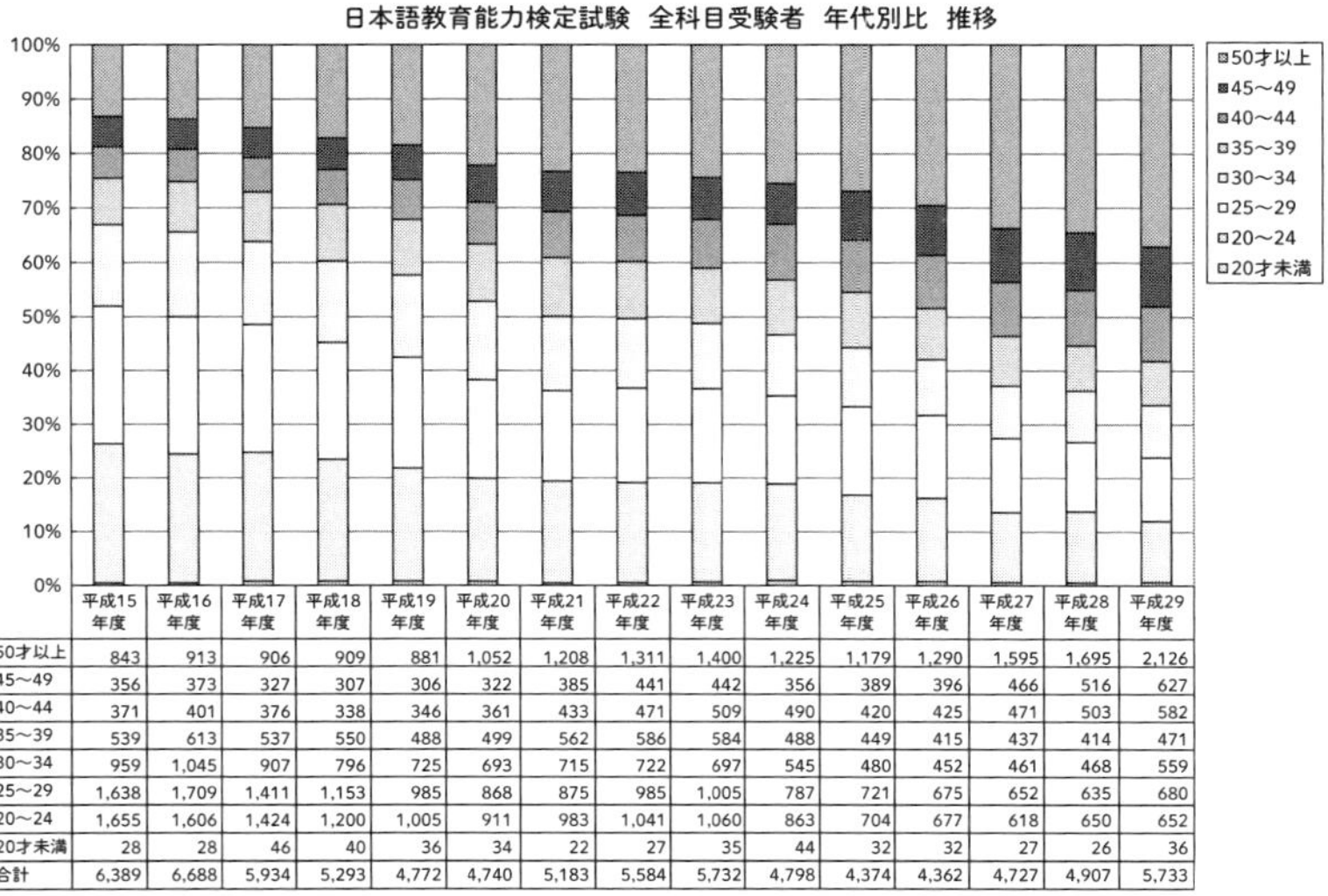

	平成15年度	平成16年度	平成17年度	平成18年度	平成19年度	平成20年度	平成21年度	平成22年度	平成23年度	平成24年度	平成25年度	平成26年度	平成27年度	平成28年度	平成29年度
50才以上	843	913	906	909	881	1,052	1,208	1,311	1,400	1,225	1,179	1,290	1,595	1,695	2,126
45～49	356	373	327	307	306	322	385	441	442	356	389	396	466	516	627
40～44	371	401	376	338	346	361	433	471	509	490	420	425	471	503	582
35～39	539	613	537	550	488	499	562	586	584	488	449	415	437	414	471
30～34	959	1,045	907	796	725	693	715	722	697	545	480	452	461	468	559
25～29	1,638	1,709	1,411	1,153	985	868	875	985	1,005	787	721	675	652	635	680
20～24	1,655	1,606	1,424	1,200	1,005	911	983	1,041	1,060	863	704	677	618	650	652
20才未満	28	28	46	40	36	34	22	27	35	44	32	32	27	26	36
合計	6,389	6,688	5,934	5,293	4,772	4,740	5,183	5,584	5,732	4,798	4,374	4,362	4,727	4,907	5,733

図３　日本語教育能力検定試験　全科目受験者　年代別比の推移
（日本国際教育支援協会、2017）

に示したように、ある場合には奨学金返済が難しいほどの給与水準であること、そして「就労のバックドア」としての留学という現状が教室に混乱をもたらしていることが指摘できます。

以前から指摘されるとおり、文化庁による国内の日本語教育実態調査（文化庁、二〇一七）では、最新のものでも、四万人近い全日本語教師のうち、ボランティア教師が約六割、非常勤の教師が三割近くを占めるという、他分野の教員の職務構成ではありえないような状況に長年変化がありません。この状況だけを見ても、丸山（二〇一五）によって一九九〇年代初頭に生まれたとされる「日本語教師は食べていけない」言説は、すべてではないとしても、現在も実態として指摘できるでしょう。たとえば、志賀（二〇一六）では、新たに日本語教師として働き始めた教師一四名へのインタビューをSCAT分析を用いて示しています。そこでは、「日本語教師となったことを後悔するのは、どんなときですか」という質問への回答として、「待遇面、主に収入面に不満及び不安を抱いている。もともと労働力に見合わない時給であることに加え、時間外に対しての対価が支払われない。そして、昇給がないということに絶望的な思いを抱く。（中略）優秀な若い人が将来的な不安を抱えるために日本語教師という職業を選ばないのではないかと心配している」（志賀、二〇一六、二頁）という結果が示されています。また、日本語教育学会で二〇一三年に時限付きで立ち上げられた日本語教育法制化推進委員会最終報告においても、日本語教師の待遇について次のように指摘されています。「日本語教師の待遇は、依然、厳しい。実質的に日本語学校を支える非常勤教師の時給はかなり低く、恵まれた常勤でさえ民間企業の平均的給与を下回る。非常勤から常勤に移るのは至難の業となれば、情熱に溢れた人でも将来に不安を抱き日本語教師をやめていく」（日本語教育学会、二〇一四、五頁）。

一方で、岩切（二〇一五）や西日本新聞社（二〇一七）によれば、「移民政策」を否定する日本政府の方針と、日本社会における外食産業等での深刻な労働力不足がもたらすひずみが、日本語教育現場の教育・労働環境を大きく損なう原因となっているようです。特殊な技能を持たない外国人移民を建前では締め出しつつ、保守政党の票田としての企業経営者の窮状を救うため、フロントドアからではなくバックドアやサイドドアから労働者を導入しています。二〇一八年一一月現在、一九七回臨時国会において出入国管理法改正が焦点となっていますが、一一月二日報道（NHK　NEWS　WEB）によれば、人手不足を補うための外国人材の受け入れ拡大のため、「特定技能一号」「同二号」という新たな在留資格を設ける出入国管理法の改正案が閣議決定されました。政府は「あくまでも外国人労働者の受け入れで移民政策ではない」（安倍総理二〇一八年一〇月二九日衆院本会議での発言など）との姿勢を崩していませんが、与党内からも「事実上の移民政策」との批判があります。技能実習制度や南米日系人の人々への「定住」資格などとともに、「留学生三〇万人計画」も、このような人手不足を補うための「外国人労働者」政策の一環としても読み解くことができます。（追記：その後一一月二七日に衆院で、一二月八日に参院本会議で可決成立し、新たな在留資格を設ける改正入管法は二〇一九年四月から施行されることになりました。こうした政策の性急な動きに対して、日本語教育学会は「慎重な議論を通して」「包括的な法整備」が必要だとの立場から、二〇一八年一一月に「外国人受け入れの制度設計に関する意見書」および、法務大臣らに向けた「外国人受け入れの制度設計に関する要望書」を相次いで発表しています。）

この日本側の人手不足という誘因と同時に、送り出し国の貧困や失業率の高さなどプッシュ要因、そこにからみついてくる留学ビジネスや人材派遣ビジネスなどの存在もあります。その結果、日本語習得の意思がない「留学生」、また、勉強の意思はあっても毎日の長時間労働によって疲労困憊して勉強に集中できない学生が、日本語教室にいることになります。しかも、そこには一生懸命勉強して進学を真剣にめざしている学生も、混在しているのです。このような状況で、教師はどんなに授業の工夫をしたり、学生たちを引き付けようと教授方法の改善に努力したとしても、そういう次元の問題とは完全にかけ離れたところで状況は作り出されてしまっていると言えるでしょう。

このような日本語教師の給与水準や労働環境というのは、むろんすべての職場に当てはまるわけではありません。しかし、西日本新聞の一連の報道（西日本新聞社（二〇一七）のもととなった二〇一六年末～二〇一七年はじめの連載記事）をはじめとする昨今の留学生についての報道など（たとえば、朝日新聞「授業は教科書を読むだけ……――悪質な日本語学校を野放しに」（二〇一七）、SYNODOS「過酷な労働を強いられる外国人留学生たち――移民政策を問う前に向き合わねばならないこと」（二〇一七）、NHK「〝働く留学生〟ニッポンを支える現実」（二〇一七年二月）など。また、荒牧らwebjapaneseによる「日本語教育あれこれ」にも詳細な見解があります）から考えると、これがごく限られた例外的な日本語教師の状況であるとは、現状では言えないようです。そして、先にみたとおり、日本語教師の主流はリタイアした年長者や主婦層の教師、つまり経済的基盤を別に持つ人たちであり、売り手市場とは言いながら、若者が日本語教育界に参入しにくいという状況が指摘できます。

三　改善を阻む要因

では、上述したような日本語教師の労働環境改善の必要性が長年にわたり指摘され続けてきたにもかかわらず、いまだ大きく改善に向かっていると言い難いのはなぜでしょうか。ここでは、その要因として、以下に四点でまとめてみます。

言語教育政策の不在

有田（二〇一六）では、日本における言語教育政策に関する理念の不在と制度的不備について指摘しました。ここで再度、その概要をまとめてみます。田尻（二〇一〇、二〇一七）、文化庁（二〇〇四）などで示されているように、日本語教育についての政策・実施の機関や部署は非常に多岐にわたっており、縦割り行政の弊害で全体を貫く一貫した基準や指針がないために、現場での混乱・非効率が起こっています。その一例として、ＥＰＡ（経済連携協定）による看護師・介護福祉士候補者への日本語教育は、厚生労働省、経済産業省、外務省によって「縦割り」業務が行われ、そのしわ寄せは来日する候補者たちに及んでいるのです。

また、有田（二〇一六）では、こうした政策の不在と制度的不備の一因として、日本社会の近代化・資本主義構築に不可欠の基盤として機能し続けてきた「単一民族神話」（浅野、一九九三、小熊、一九九五）が現在も再生産され続けている可能性を挙げました。つまり、様々な価値観（異文化）を労働市場に参入させないことによって、高い効率性と生産性を保ってきた日本型企業社会文化の「亡霊」が、経済社会的状況が大きく変わった現在にあっても生き残っている可能性です。それは、外国人労働者受け入れには積極的でも、それはあくまでも「外国人労働者」であり「移民」ではないと主張し続ける日本政府の姿勢にもあらわれています。「定住」せずにすぐに帰る人たちなのだから日本語教育は必要なし、あるいは、日本語を教えるのなら経済的基盤と時間的余裕がある人たちがボランティアでやればいい、という公的予算を必要としない無賃労働として日本語教育を位置付けようとする社会的な雰囲気があるように思います。つまり、奥村（二〇一七）による「日本語教師は、いつでも誰でもできる」「日本人なら誰でも教えられると信じて疑わない時代錯誤が継続されている」という「都市伝説」に語られるような現実が、いまだ残存しているのです。

しかし、同様の問題意識から、日本語教育学会では二〇〇九年に日本語教育振興法法制化推進ワーキンググル―

プが立ち上げられ、二〇一三年に日本語教育法制化推進委員会が時限付きで設置されました。そうしたロビーイングも奏功し、上述したとおり二〇一六年一一月には超党派国会議員による「日本語教育推進議員連盟」が設立され、二〇一八年五月には「日本語教育推進基本法」(仮称)の政策要綱が公表されています。日本語教育の目的は「共生社会」の実現だとの理念を明記したこと、国や地方自治体、そして非母語話者を雇用している企業に対する日本語教育推進の責任を明確化したこと、日本語教師の資質向上と待遇改善に言及していることなど、この法案が可決成立するなら今後の日本語教育の強固な基盤となる可能性があります。二〇一八年一一月現在、第一九七回臨時国会が開催されています。当初の予定ではこの会期中に提出したいとのことでしたが、いまのところまだ、この法案について国会での審議はありません。(追記:二〇一八年一二月一四日現在、一九七回臨時国会会期は終了し、「日本語教育推進基本法」(仮称)審議は結局ありませんでした。しかし、一二月三日に日本語教育推進議員連盟 第一一回総会が開かれ、日本語教育学会社会啓発委員会資料によれば、名称が「日本語教育の推進に関する法律案」となり、海外ルーツの子どもの母語への配慮や海外に住む日本ルーツの子どもの継承語教育等がさらに盛り込まれ、二〇一九年一月の通常国会での提出をめざすとのことです。まずは、法制化の実現が待たれます。)

日本語教師とジェンダー性

日本語教師に女性が多いというのは、これまでも指摘されてきました。ただ、国内の日本語教育実態調査を行う文化庁も、国外の日本語教育機関調査を行う国際交流基金も、教員の性別については明らかにしていません。一方、日本語教育の最大学会である日本語教育学会会員の男女比は、二〇一六年の資料「日本語教育推進議員連盟の第二回総会におけるヒアリングに関して」(日本語教育学会、二〇一六)によると、個人会員の男女比は概ね一対三です。また、日本語教育能力検定試験受験者数をみると、一対二・六程度（ＪＥＥＳ、二〇一七）です。これは実は、近年均衡傾向にあります。一〇年前の平成一八（二〇〇六）年の受験者数の男女比は、一対四でした。前述した年長の男性受験者数が増えたためと考えられます。とはいえ、現状ではまだ日本語教師には女性が圧倒的に多い、ということは言えそうです。

そこには、「日本語教員と民間企業の平均年収には相当な格差がある」「この給与水準では、男性が妻子を抱えて住宅ローンも支払うというような生活設計は不可能に近い。だから日本語教員の多くが女性」(business journal「安倍政権、外国人労働者受入れに不安」二〇一八年一〇月七日）と報道されるとおり、経済上の問題が大きく要因しています。その背景として、有田（二〇一六）でも述べたとおり、介護職との類似性が指摘できます。ケア（お世話、介護、育児）が女性の仕事と考えられていること、女性なら誰でもできる非熟練労働だと考えられていること、供給源は無尽蔵だと考えられていることなど、ともすれば、困っている外国人を手助けする「お世話」係、「日本人なら誰でもできる」などの言説が日本語教師に付きまとうことと類似しています。

さらに、「配偶者控除」という税金の主婦優遇制度の利用についても、ケアワーカーと日本語教師は類似しています。「家族介護」の推進、男女の役割分担の促進、さらには上野（二〇一一）によれば「熟年離婚」抑制までも含んだとされるこの制度のもと、高給を支払えない介護施設や日本語教育機関と、税制優遇を受けたい女性（とその配偶者）たちの利害は一致して低賃金の構図の一因となってしまいます。

「聖職者」的教職観と「補佐的学問」視

三つ目に指摘したいのは、日本語教師に向けられる社会的期待の相克です。日本社会における「聖職者」

的教職観の根強さは、学校教師のみならず、わたしたち日本語教師も免れていません。それは、学習者にかかわるすべての事項への関与、高潔な人格と知性、謙虚な姿勢とリーダーシップ、博愛など、「何から何まで」の際限のない努力と奉仕への社会的期待があり、それをわたしたち教師も内面化しています（有田、二〇一六、一一七—一一八頁）。それは、亀川（二〇〇五）が日本語教師にメタファー手法を用いて調査した、「日本語教師は元気に明るく学習者に日本語を学ばせ、学習者の独り立ちの世話をする大変な職業だ」（九三頁）という教師自らのイメージとも重なります。

しかし、一方で語学教育としての日本語教育は、諸科学の準備のための「補佐的学習」と認識され、教育機関のなかで「低く見られがち」（纐纈、二〇一五、二五〇—二五一頁）であるという現実もあります。前述した「都市伝説」の「日本人なら誰でもできる」をはじめとして、たとえば、大学内での担当授業コマ数の不平等などもあるのではないでしょうか。また、戦時中の日本語教育と現在のそれとの共通性を批判する言語政策史研究者からの、日本語教育に向けられた「いわれなき蔑視」（松岡、二〇〇三、一九〇頁）を指摘する論考もあります。一方で、「真の敵」は帝国主義下の日本語教育と同時に現在の日本語教育をも批判的に検討する「同学の士」ではなく、日本語教育に「無知無理解」な人々による「日本語教育の現場で日本語教師が用いる日本語を揶揄し、その日本語を用いる教授法を見下し、その教授法を通して構築されていく日本語教育という営みを蔑む……心性が滲み出ている」（中村、二〇〇八、七一頁）言説と戦うことだとの指摘もあります。

日本語教師に向けられる、こうした社会的期待や言説のはざまでの葛藤も、若者の日本語教育離れを引き起こす一因であるとともに、日本語教師を取り巻く状況の改善を阻む社会的雰囲気を作る要因ともなっているようです。

日本語教育関係者内部での信念や利害をめぐる対立や分断

最後に指摘したいのは、日本語教育関係者内部において立場や属性、所属する組織やグループによって、利害や信念、思想の違いを原因とする対立や分断があり、喫緊の問題を解決するための力が分散してしまっているのではないかという点です。

もちろん相互に複雑な関係性があり、二項対立的にだけ語ることはできません。しかし、問題を明確にするためにあえて単純に示してみると、たとえば次のような対立項を立てることができると思います。日本語教育の現場で生計を立てようとする若手の教員と、やりがいや自己実現を求めるボランティアの教員、あるいは配偶者控除の範囲内で働こうとする教員とは、利害をめぐる対立が起こる可能性があります。「道具としての日本語」の効率的な習得こそ日本語教育の根幹だと考える教師、あるいはN1など試験合格や大学進学を最優先するべきと考える教員と、言語教育の目標はアイデンティティ形成教育、人間教育であると考える教員との間にも、教育的な信念をめぐる対立や分断が起こりがちです。また、組織の一員であり一応の安定した立場から非常勤講師の人事権を一定程度握っている専任教員と、来年度のコマ数を確保しなければならない非常勤の教員にも、利害をめぐる対立があるかもしれません。そして、大学に所属する日本語教員と、日本語学校で教える日本語教員との間などにも、分断があるのかもしれません。同じ仕事をし同じ「業界」にいながら、互いに関係のない人たち、見えない、消えてしまっている、あたかもいないような存在として、対話が成り立っていないという状況があるのではないでしょうか。それゆえに、課題解決のための力が、分散して弱まっている可能性があるのではないかと思うのです。

四　わたしになにができるだろうか――当事者としてのわたしの今後の課題

このような状況のなかで、だったら、当事者としてのわたし自身には今なにができるのだろうかと考えてみます。

「日本語教師養成」について

まずひとつは、自分の職場の小さな日本語教員養成プログラムについて、その実際の運営者として心に留めおきたいことです。大学としては「日本語教師になれる」というのは若者に対してある一時的な「集客力」を持つフレーズなのですが、しかし、実際の運営者としては、日本語教師をめざす人だけではなく、これからの社会に必要な力を育成していくプログラムだということを、履修する学生たちにはしっかり伝えなければならないと考えています。わたしの職場（二〇一八年一二月現在）では入学後に選べるプログラムとなっており、だから、日本語教員の現状を率直に伝えることにより、履修者の選択に参考させることができます。

また、どうしても日本語教師をめざしたいという学生に対しては、学部卒業直後ではないにしても、近い将来の大学院進学をすすめたいです。日本語教員として、自分を守りながらキャリアを積むためには、一定の研究活動を経験すること、そして修士の学位を持つことを求めたいです。

一方で、「日本語教育学科」「日本語教育学専攻」などの学部であっても、卒業後には必ずしも日本語教師となるだけが選択肢ではないことを入学前の段階から大きく広報するべきだ思います。「それでは学生が集まらない」という声があがるのですが、むしろ「日本語教育学を学ぶことは、これからの社会の市民として必要であり、かつ、どの分野でも今後必ず役に立つ」ということを積極的にアピールしていくべきではないでしょうか。そのことは、次の課題と接続します。

日本語母語話者（＝「日本人」）への積極的な働きかけ

すなわち、日本語教師が日常的に日本語非母語話者に接する中で培ってきた、異文化の人々とかかわるための知識や技能（たとえば「やさしい日本語」を使う力、異文化間ソーシャルスキル、在日外国人の言語習得環境、そして喫緊の課題としての海外ルーツの子どもたちの問題についてなど）を、できるだけわかりやすく言語化して、日本社会のマジョリティに、日本語母語話者に伝えていかなければいけないのではないかという点です。わたしたちの仕事は非母語話者だけへの教育では圧倒的に不十分で、マジョリティに対する啓発を行わなければ、結局は「顧客」である非母語話者の日本社会での生きづらさも解消されないということは、比較的長く主張されてきました。そうした主張にもかかわらず、その方法論については具体的な議論は不十分であるように思います。たとえば、日本語表現法や多文化共生論などのような日本語教育関係者が担当しうる母語話者（＝「日本人」）学生／生徒向け講義内容や市民講座、自治体職員研修等の実践例を示したり、日本語教育関係者以外のより広く一般の人々に向けた著作物を書いて世に問うていくということが、今後は求められているのではないでしょうか（その試みとして、有田・志賀・渋谷編（二〇一八）があります）。「移民」社会への政策的な転換が図られようとしている今、この点はわたしたち日本語教育関係者の責務でもあると思います。

そうすることは、もともとの日本語教育の対象としての日本語非母語話者への言語教育という、社会から素朴に期待される「外国人に日本語を教える人」というわたしたちの「専門性」をないがしろにすることにはならないと思うのです。むしろ、その「専門性」についての議論を深めながら、わたしたちの仕事の意味を広く社会に周知して人々に貢献していくことなのではないでしょうか。そして、そのことが主たる「顧客」

としての非母語話者にも利すると同時に、「職業としての日本語教師」の不安定性を当事者として組み替えていく、そのことにつながっていくのではないでしょうか。

日本語を学び教えることの意味についての議論

そしてもうひとつ、上で触れた日本語教師の「専門性」と関連し、教員養成でも日本語クラスでも、自分の持っている現場において、なぜ日本語を学ぶのか／教えるのか、なぜ言語を学ぶのか／教えるのかについて、できるだけ多くの機会に議論をしていくことを、わたしたちの課題として挙げたいです。外国語習得には、国際化した社会で他者と競争して勝ち抜いて生きていくための武器というのはもちろん大事な側面であるけれども、それだけではない意味もあるのではないか、ということを学生たちと議論できる場をできるだけ多く設けていきたいと思います。

たとえば、外国語を学ぶことによって、今まで持っていたものとは全く違うような価値観のあり方を知り、自分のなかの独善性や自文化中心主義的な思考、そしてそれに基づく差別意識を客観視でき、少数派の人々を含めて他者の立場への想像力を持つことができる。それも、外国語を学び、教える意味なのではないか、ということを学生たちと考えあっていきたいです。そして、それをダイレクトに考えさせるような教材や教案づくりを試みたいと思います。もちろん、異議を唱え、「意味が全然わからない」「日本語学習に『日本語を使えるようになること』以外の目的のありようがない」と言う学生の主張（経験上、かなりの多数派）、また「そこにはなにか、戦前戦中の日本語教育と通じるような『うさんくささ』もあるような気がする」などの意見も歓迎し、議論を深めていきたいです。まず、わたしのかかわる学生たちと、そうしたことを日常の実践において、折々に話し合っていく。そこから、わたし自身が次にできることは何なのかが見えてくるのではないかと思うのです。

日本語教師の、小さな気軽な連帯

最後に、自身の周りの日本語教育関係者との、勉強会か読書会のような小さな気軽で気安いような集まりを持っていくことに触れます。日本語学校や専門学校、地域の日本語ボランティアを担う先生たち、そして近隣大学の先生たちと、立場や現場の違いを超えて、まずはそれぞれの実践の報告や授業方法論の交換をしつつながりをつくるなかで、自分たちを守るためのどんな協働活動ができるのかを考えていきたいと思います。

丸山（二〇一六）は、バブル崩壊、度重なる大震災などに影響された学習者減少を乗りきってきた教育機関にはしっかりした経営方針とノウハウ、すぐれた教師と職員という財産があること、また国内外での日本語教育の需要が高まり社会に果たす役割が重要になっていくことなどを原因とし、若者の日本語教育離れは「下げ止ま」るのではないかとの見解を示しています。丸山も指摘するように安易な楽観論は避けるべきだと思いますが、わたし自身も、特にこの数年、そうした兆しはあるように感じています。それは、丸山が指摘した状況だけではなく、上に述べたような日本語教師の集まりが、学会などが主催する組織的なものだけではなく、比較的小さな、でも自主性のもたらす力強さがあり、しかも若い先生たちの集まりも、国内外で行われつつあることを見るからです。日本語教育の文脈で「同僚性」を提案した牛窪（二〇一四）による「土曜の会」、「教師の成長」を支援するためのワークショップ型教師研修を行う中村（二〇一八）らの「こんぶの会」、オンライン上の日本語教師のつながりの嚆矢である瀬尾ら（二〇一六）の「つながろうねっと」などはもとより、わたしがウェブ上で目にするだけでも、「ざっくばらんミーティング」（浦由実主催）、「日本語教師とコミュニティをつなぐ会」（林田なぎ代表）、「日本語教師ゆるゆるパドック」、また村上（二〇一八）の著者が主催するSNSでの交流「#日本語教師チャット」などにも、多くの日本語教師が主体的に集い、気楽でまじめな話し合いが、「リアル」でもウェブ上でも広がりつつあります。わたしの地元の新潟でも、子どもの問題に取り組む佐々木（佐々木、二〇一八）らとともに、対象も現場も異なる教師が集まるささやかだけれど気兼ねのない会が立ち上げられました。こうした気軽で楽しげな集まりでの人的つながりと対話のなかで、「職業としての日本語教師」の状況を改善していく方途、若い人たちに「面白いからいっしょにやろう！」とどんどん言えるような状況を作り出す道筋が、見えてくるかもしれません。そして、日本語教師の「労働問題」について社会に提言していく根拠となる研究の方向が、明確になっていく可能性もあるかもしれません。

上述したとおり、二〇一八年一一月現在、国会では入管法の改正案が審議され、熟練の「外国人労働者」には家族帯同も許される在留資格が閣議決定されるなど、日本社会が大きく変わる「歴史的転換点だ」とも言われています。これは、わたしたちの仕事に直接にかかわることがらであるにもかかわらず、「拙速」との意見もあるなか、情報を追っていくことができないほど目まぐるしく事態が動いています。わたしたち個人の教師それぞれに、こんななかで何ができるのだろうかと、途方に暮れる思いでもあります。ただ、「孤立してはいけない」ということは、強く思います。できる場所で、身近な人たちと連帯していく。そこで、少しずつ対話を重ねていく。小さいけれど、わたしたちひとりひとりにも、できることがあるように思います。

ディスカッション1 日本語教師の未来は明るいのか

イントロダクション

牲川◉二〇一七年二月に言語文化教育学会年次大会でシンポジウムをして、そのときにもすでに日本に外国人住民がたくさん増えていて、日本語教育の現場にも研究にも大きな影響を与えているというのはわかっていましたが、その状況を踏まえないで研究をしているんじゃないか、また、現場もその影響を受けすぎて、背景について考える余裕がなくなっているんじゃないかという問題意識が私にありました。それで、そこにヒントを与えてくださりそうな有田さんと、庵さんと、寺沢さんにシンポジストをお願いしました。それから一年半経って現状はさらに進んでおり、二〇一七年と一八年というのは、もう移民政策に変わったと言っていいほど日本への外国人受け入れが進められた年と位置付けられます。「はじめに」の草稿を読んできていただいたと思いますので、それぞれの論考を振り返る中で現状についての議論もできればと思っています。

さて第1章から第3章それぞれの論考については、これまでメールでかなり議論してきました。最初の有田さんの職業としての日本語教師ということに関しては、日本語教師の専門性というのが、メール上では大きなトピックになりました。非常勤や日本語学校の教師、ボランティアの人の待遇にかなり問題がある状況で、それを改善するためには専門性を高めたほうがいいのではないかと。これは第2章の庵さんの話ともつながると思います。今回、みなさんに改めて読み直していただいて、それぞれ感想とか気づいたことをお話しいただければと思います。有田さん、最初に何か付け加えることがあればお願いします。

日本語学校の未来は暗いのか

有田◉まず一つは、日本語の先生たち、やっぱり結構厳しくてブラックな学校もいっぱいあるんですけれども、でも特に若い人たちの中で、職場とか対象とか、立場とか年齢とかを超えて、ちょっと日本語教育関係者で集まろうよっていう、本当に草の根の、自主的な集まりというのが、比較的若い人たちの中からもできてきています。牛窪隆太さんとかが、「同僚性」っていういうこと言ってらっしゃいますよね。

日本語の教員って孤立しがちだけど、やっぱり一緒にやっていこうよという発表が、この間の日本語教育学会（二〇一八年度日本語教育学会春季大会、二〇一八年五月、東京外国語大学）でもあったし、すごく面白いと思いました。フリーランスの先生とか、日本語学校の先生とか、自主的に集まってワークショップやって自分たちの力を高めていきましょうという流れとか、レンタルスペースみたいな場所を借りてみんなで情報交換し話そうというような流れがあって。それは私はすごく、いいなと思うんですね。一つ、なんていうか、希望みたいな。私も自分の足元でそういうことやっていかなきゃいけないなというふうにとても思って、仲間と少しずつ動き出しつつあります。そして、そういう集まりでの対話の中から、待遇のこととか働く環境のこととか情報交換したり考えあったり、あるいは雇用する側と交渉していくような力になっていく可能性もあるかもしれないと思います。そこらへんは、（本書のための改稿原稿に）ちょっと入れなきゃいけないなというふうに思っています。

牲川◉それは留学生の数が増えて日本語教師の需要が増えて、市場が売り手市場になっているから、ちょっと余裕が出てきたという影響がありますか。それとも、もう悲惨な状況の中でなんとかしようという意味での取り組みでしょうか。

有田◉問題のある学校もあるんだけど、でも淘汰されつつもあって、すごくいい学校は厳然としてあると思うんですね。必ずしも日本語教師を選ぶのが、すごく悪くはない状況というのもあると思うんです。だから、うちの学生でもどうしてもやりたいって言うなら、ちょっと前までは、私やっぱり、「いやあ、難しいよ」って言ってたんだけど、最近の流れだと、この仕事面白くて社会的な意義があって、大変だけどみんなでなんとかしていこうよっていう、若い人たちの気運みたいなのもあって、それは私は、変わってきてるかなとは思います。だから、必ずしも、「この仕事難しいよ」というだけにはならない。シンポジウムの発表の時点では、ちょっと微妙だったんですけど、この数年で流れは少し、私たちにとっていい方向に変わってきているかなと思っているところです。

牲川◉じゃ、ちょっとその悲観的だったところが、やや（笑）、希望がみえてきた一年半ですか。

有田◉どうですか。

牲川◉いやあ、私はあんまり、まだ実感としてそこまでないですね。う〜ん。

庵◉日本語学校自体が淘汰されるっていうのは、どういう意味でも、たぶん起こると思うんですね。移民と言うか言わないか別として、外国人を実質的に入れるとしたら、やっぱり入口で絞るしかないから、そんなに何でもかんでも入れてっていうのはしないでしょう、恐らく。それで、日本語学校の届け出制っていうのも出てきているから（法務省入国管理局、二〇一六）、そういうのでたぶんふるいにかけるということは、やろうと思えばできる状態です。今でもブラックなというか、外国人を入れるためのバックドアになっているところを締め出す気ならいつでもできる。それこそ日本語教育振興協会（＝日振協）に半分しか入ってないとかいう時代だから日振協に入らないようなところはだめだといった基準で。だから今は、言わば、そういう悪徳学校を「泳がしている」んだと思うんですよね。

そういう意味では、日本語学校を選別していけば、バブルで職を得ている人は職がなくなるかもしれないけど、まともなところが残ればまともな職場としては成り立つ。つまり、その選別が行われないっていう前提で考えると、もうひどいところに行ったらどうしようもないっていう話になりますが、日本語学校に関しては、政策がそういう日本語学校は排除するという方向に動けば、勤められる人数は減るけれども、まともなところに勤めている人は今よりは待遇にしろ、やりがいにしろよくなるんじゃないかという意味では、有田さんの意見に私は賛成です。

牲川◉法務省の告示校は一覧で公表されていて、それらの日本語学校は国が認めた機関ではあります。一方で、日振協も独自の評価・認定システムを持っているのですが、そこで認定している日本語教育機関は限られています。申請して認定してもらおうという日本語学校以外はカウントしていないので。

私は、有田さんが最初に書いていた、勉強を主目的としていない留学生数っていうのはいまだ急激に増えていると思うので、日本語学校の現場はものすごく荒れているんじゃないかと思っていました。この一年半も変わらず。

有田◉いや、荒れているところはあるんじゃないですか、たぶん。でも、もちろん全部が全部じゃない。ブラックな学校が稀というわけでもまだないと思うんだけど、でもいい学校は、そこでわりと満足して力を伸ばしている先生たちも増えてきてるっていうのはあるのかなと思います。

牲川◉給与面の待遇とか、時間外労働にお金が払われないという状況は変わっていない。

有田◉ちょっとそこまでわからないけど、でも、教員って残業はないですよね。

寺沢◉残業代はないですね。正確には、公立の学校教員の場合、給与月額の四%という教職調整額がつくだけで、あとはタダ働きです。

牲川◉我々裁量労働制の者も時給で働いていないので、残業手当がつかないのはある程度理解できます。だけど、日本語学校の先生は時給で働いているので、時間外労働は本当はカウントされる必要があると思うんですけど。

有田◉そうですね。ただ、この間の日本語教育学会（二〇一八年度日本語教育学会春季大会、二〇一八年五月、東京外国語大学）でも、日本語学校の先生たちがかなり来てくれていました。その大会参加費とかも負担してくれる日本語学校もあるそうです。だから、そういう意味では先生たちの働く環境は、少しずつではあると思うけれどもいい方向に変わってきているんじゃないかなと。

牲川◉階層化が進んでいるということはないでしょうか。大学進学を後押しするような予備校的な学校や、EPAプログラムなどで申請・承認されて日本語教育を担当するような学校と、私たちも知らないようなブラックな日本語学校というふうにかなり層が分かれているのかなと予想します。そういう見えない学校にほぼ就労を目的とした学生たちが集中して行っているとしたら、私たちには把握できないところで日本語教育の価値、先生たちの価値というのが下がっているのかなと。有田さんの希望に水を差すようで悪いんですけど。

有田◉確かに楽観視はできないけど、今回の日本語教育推進基本法ができそうだってことも関係して、ブラックな学校は淘汰されつつあるんじゃないか、というのが私の希望的観測も含めた意見です。でも、私たちにとって少しよく変わってきているんじゃないかと言ってしまうことが、政府が、「いや、移民じゃなくて労働者なんだよ」としていることを肯定することになるんでしょうか。

牲川◉うーん。ちょっと私、移民政策が本当にどうなるのかという未来が見えないですね。

庵◉将来的にも「移民」だと認めるかどうかは、そう言ってしまうと票を失うと思ったら最後の最後まで言わないと思います。ただ、現実に五〇万人なら五〇万人入れるっていうふうになったときに、それを今みたいにバックドア的に入れるわけではないんだろうと思うんですよね。やっぱりどこかでコントロールしないとまずいだろうってことがあるから。そうすると、少なくとも、「公式の」ところから入ってくれれば就労はできるのだから、日本語学校に籍を置くか置かないかに関係なく就労できるようになれば、別に日本語学校が就労機会を提供する必要もないし、逆にそのために日本語学校が稼げるわけではなくなるから、そういう目的で日本語学校をやろうとしたら儲からないからやめていくか、もしやったら潰されるかで、そういう質の悪いところは消えるという可能性もあります。移民として認めるかどうかは別にして、そこに何かの意味のコントロールをかけるっていう気になれば、そうなるんじゃないかと思います。今みたいに放っておいて、入ってくる人数が五〇万人になっても放っておきますというんだったらまた話は別ですけど。

牲川◉たぶん、新しい在留資格の「特定技能」は、技能実習生からとると思うんです、基本は。技能実習生で最低三年間以上やって、一応日本での生活にも慣れたという人にその資格を出して、プラス五年なので、もうそこでコントロールはされてるんですよね。ですので、その人たちは日本語の支援も必須とはされないのではないかと。技能実習生になるときに最初に集中で日本語を教えますよね。その後三年は日本にいるんだから、もう日本語はいらないでしょうって形でたぶん五年間いることになると思うんです。

コンビニ業界なんかは、二年だけとか若い人たちとか、そういう人をターゲットにバイトに来るようにと言っているので、日本語学校に通う対象者としてそういう人たちは減らないんじゃないかなと。

有田◉あまり明るく思えないと。

庵◉おそらくポイントは、外国人を日本に入れるのに、一定の日本語能力を義務付けるといった形で、日本語学校を介さないと日本に入れないようにするかしないかではないでしょうか。「移民」とは言わないけれど、そういう形なら認めるというのも、要するに、実質的に労働者が要るからなので、最後の最後まで「移民」ということばだけは使わないというのも、国際的には通らないとか、そういうやり方をすると結局日本に働きに来る人がいなくなる可能性があるとか、いろいろ問題はあるとしても、日本の国内政治的にはアリはアリだと思うんです。

日本語教育推進基本法案に学界はどうかかわったのか

有田◉シンポジウムでの発表時点での内容に付け加えたいこととして、もう一つ、「日本語教育推進基本法案」が出ました。それは、不足や不備はありつつ現時点では当面、たぶんとてもいいのかなと思うんですけど。

寺沢◉話ずれちゃうんですけど、僕は、日本語教育学会が議員連盟の法制化を進めたという話に、部外者としてですけど興味があって。この前も英語教育系の学会のシンポジウム（外国語メディア学会（LET）第五八回全国研究大会パネルディスカッション「大学入試改革は、高校英語教育での四技能統合を推進するのか？」、二〇一八年八月、千里ライフサイエンスセンター）に登壇したとき、「みなさんは文科省への恨み節ばっかり言ってるけど、結局、日本語教育学会みたいに法制化的な動きは全くしてないですよね」みたいな憎まれ口を叩いてきたんですけど（笑）。この日本語教育の法案って、政府に対してどういう強制力を狙っているんでしょうか。法律を作ることによって具体的に何が可能になりますか。ポストが増えるということでしょうか。

牲川◉日本語教育推進議員連盟自体は超党派の国会議員が作ったものです。外国人受け入れが進んでいくので、権利として日本語を教えましょうという議員の集まりで、第二回の総会には、関係団体の一つとして日本語教育学会がヒアリングの対象になり、会長・副会長が現状説明をしました。それ以降も、会長や副会長がオブザーバーとして参加しているんです。

寺沢◉なるほど、なるほど。この学会じゃないですけど、この前、武蔵野大学であった、「批判的言語教育国際シンポジウム」(二〇一八年六月)で聞いた話だと、日本語教育学会からの働きかけもそこそこあったという話も。

庵◉働きかけ自体はあるんですよね。それは本当にもう二〇年くらい前からずっと言っているのは言っていて、ただ、流れとしては、元文部大臣経験者が何人か集まってあの議員連盟を立ち上げたっていうことはあるわけですね。

有田◉私としては、わりと日本語教育学会がロビーイングして、そういう議員たちを捕まえて理解を促していった、あちらからのアプローチもあったとは思うけれど、それにしても学会が時間をかけてかなり頑張ってくれたんじゃないかと思っています。

寺沢◉部外者的にみると、ロビーイングを頑張った人たちは、自分たちが頑張ったって言うだろうし、政治家の視点で言ったら、議員が主導にやったあるいは議員立法みたいな形で頑張ったって言うでしょうね。

牲川◉かなり前から日本語教育法制化推進委員会が学会の中に作られていましたよね。

庵◉うん、それはもう十年ぐらい前から。推進委員会の前身にあたる日本語教育振興法法制化ワーキンググループを尾崎明人さんが会長のときに作ったんですね(日本語教育学会　日本語教育振興法法制化ワーキンググループ、二〇一二)。

牲川◉政策に動かされすぎる業界なので、こっちから言わないと、たとえば子どもの日本語教育であれば、子どもの教育学の人たちとか国際教育の関係の人たちだけで何か案が作られたりするんです。日本語教育の関係者がそこに一人もいないということがよくあるので、そういうことを防がないと、実際どれぐらいの日本語教育のレベルが必要かなどはわからないだろうと。だから、「はじめに」で日本語教育学会が政府に提出した要望書のことに触れたんですけど、介護を技能実習制度の分野に入れるときに、国はN4(日本語能力試験四級)でいいと言ってたんですが、日本語教育学会から、それはあまりにも低すぎるということで要望を出して、法律の付帯決議に反映させるということはできたんですよね。ほかにも学会が、EPAの看護師・介護士候補者の受け入れに関連して、厚生労働省に働きかけて国家試験の改善を実現するなど、政策とつながっていくということはやっています(日本語教育学会看護と介護の日本語教育ワーキンググループ、二〇一二)。もともと日本語教育学会自体が、前身は文部省内の会がきっかけで作られたようですし(河路、二〇〇九)、一九七七年に現在の日本語教育学会になったときには外務省・文部省共管の社団法人としてでした。ですから、歴史的に持ちつ持たれつの関係があると思います。

寺沢◉今回の動きは、議員立法の形でいっているっていう。ということは、行政つまり、文科省を飛び越えていっているんですか。それとも一応協力関係でしょうか。

牲川◉文科省と議員連盟が協力関係かどうかっていうのはよくわからないですね。子どもの日本語教育に関して強く支援するというのは、二〇一八年六月の閣議決定「経済財政運営と改革の基本方針二〇一八」でも明記されているので(三〇頁に「障害、いじめ・不登校、日本語能力の不足など様々な制約を克服し、チーム学校の実現、障害者の生涯を通じた学習活動の充実を図る」とある)、文科省の了承というか、そういうふうに進めていこうっていう方向性の合意は得ていると思います。

有田◉そうですね。教員や支援員の配置など支援体制の整備、支援の向上が盛り込まれているっていうことはやっぱり文科省。

「特別の教育課程」化された日本語教育は誰が担うのか

庵◉それはおそらくいわゆる「特別の教育課程」というものだと思います（文部科学省、二〇一四年一月）。ただ、そこで日本語教師が教えられるわけではないから、それを実質的にやるためには、たとえば、国語の教員免許をとるときに日本語教育のことをやってないとダメみたいなことをやらないと、子どもの日本語教育の質を高めることにはならないのではないでしょうか。子どもを学校として支援することが義務になっても、どういう人が支援するかといったら、結局、教員免許を持ってる人しかできない。逆に言えば、教員免許を持っている人を、充てなければいけない。そこまで教員免許に何か加えるとかですね。必要なことは実効性があるかどうかですよね。要するに今は、外国籍の子どもがある人数になったら、取り出し授業をしなければいけないということまでは義務として決まっているけれども、それを誰がやるかと、どういうクオリティでやるかを保証しているわけではない。少なくとも日本人の子どもに保証しているような意味では保証していないわけです。

有田◉その点で考えるんですが、私たち日本語教育関係者としては、どっちの方向をめざしていったらいいんでしょうか。つまり、教職課程にいる教員志望の学生たち、小学校の先生たち、あるいは中等教育の国語や英語の先生たちに、日本語教育の知識とかを持ってもらってやるっていう方向と、一方で、教員免許を持ってないけど日本語教員の資格を持っている人たちを学校教育の現場に送りこもうとする方向と、どちらなのか。私たちとしては、子どもたちとしては、どっちのほうがいいんだろうっていうのは、前からいろいろ言われているけど、方向性があるのかなっていうのが疑問だったんですけど。

庵◉個人的には後者のほうが効率はいいし、質は担保できると思うんですけど、基本法で言っているのは前者ですよね、おそらく。

有田◉小学校の先生たちが英語教育をするのと同じように、全然日本語教育の知識がない人たちが研修とか受けたり、で、プラスでやってくってことですよね。

庵◉基本法で決められているのは結局、取り出しはもう義務化で絶対やらなければいけない。今まではそれすら「やったほうがいい」だったのが「やらなければいけない」になったわけですが、「やらなければいけない」と言っても、どうやるかまでは保証していない。教員がやるということになって、教員資格がない人をそこに入れるのは、その流れに逆行するという話になるかもしれません。学校の正式な授業として取り出し授業をやると決めたのに、もし教員免許がない人が学校で教えるということを認めたら、たぶんいろんなところにも同じ話が出てくるかもしれないからできない、という話になるんじゃないかと思うんですね。

有田◉教員免許更新のときに、日本語教育の専門家がレクチャーしなくちゃだめだっていうのは、とってもいいと思うんですけど。でも、日本語教育界としてはそうじゃない方向のほうがいいってことでしょうか。

牲川◉誰のためにやるかによりますよね。子どものためだったら専門家がやったほうがいいし。

有田◉でも、クラス全体だったらどうだろう。

牲川◉小学校の先生にさらなる負担をかけるのは難しいのではないでしょうか。だけど、今度の五〇万人受け入れる「特定技能」は来年の四月から始まって、五年間はその資格で、家族滞在はできないんですよね。でも、五年間で専門性を高めたら、家族が呼べる別の在留資格が得られるので、結構すぐ家族が来る可能性があります（「特定技能」の概要については、西日本新聞（二〇一八）参照）。そしたら、教員養成資格の正式な科目に入れるというのは相当時間がかかるので、今いる先生に研修でというふうにしか対応できないか、あるいは日本語の先生を取り出し授業のときに限って、バイト的に呼んできてやるか、現状だとそれしかできないんじゃないですかね。たぶん地方で、技能実習生の続きで、農業分野などで長期に住むことになって家族を呼ぶ場合は、そこに行ってできる人にやらせるということになるんじゃないかなと。

有田◉寺沢さんの論考を読むと、あまりにも忙しすぎるかなとは思うんですけど、でも、海外ルーツの子どもだけの問題だけじゃなくて、マジョリティ（多数派）の子どもたちにマイノリティ（少数派）の子どもたちと一緒に生きていけるよね、そのためにこんなことが必要だよねっていうことを言えるのは、どちらかというと、教員免許をもった普通の先生なのかなっていうのは思うんですけど。でも、確かに大変になっちゃいます。

寺沢◉さっき僕が、日本語教育推進基本法でポストが増えるんですかって聞いたのはまさにそこです。英語教育もそうですし、そもそも学校教育全般がそうだと思いますが、もっとよい教育に変えようっていう「建前」は八〇年代の臨教審くらいからずっと言われています。でも、その「改革」の中身をよく見ると、新たにこういう内容を教えましょうとか、新たにこういう施策をしましょうって言っているだけであって、教育環境をよりよいものにしようとか教育予算を新たに増額しようとか、そういう教育改革じゃないんですよね。九〇年代からずっと英語教育振興が基調ですけど、その振興策のために予算を大々的につけてポストを増やしたというわけではありません。それこそ今いる小学校の先生に英語を教えさせましょうとか、中学校・高校の英語の先生を自己研鑽にしむけるような脅迫じみた施策を「発明」したり。

こういう背景から考えると、日本語教育の法制化っていうのは、この法律を作ったことで、実質的に何が変わるのか、具体的な予算がつくのか、あるいは単に象徴的な意味合いがあるだけなのかっていうのがすごく気になっています。もし象徴的な意味合いだけだと、むしろ脅迫的な強制力として機能しかねない。つまり、法律でこうなっているんだからやらなきゃいけないっていう義務として使われるだけかなっていうふうに思っていますね。

有田◉いや、予算がつく根拠にはなると思います。

庵◉だからもしロビー活動するんだったら、そうした実質的なところを徹底的に押さないといけないと思うんです。法律ができたというだけでは、たぶん何も変わらないはずですから。

牲川◉「特別の教育課程」はもうすでに実施されていて、メインの日本語指導は教員免許を持っている人しか担当できませんよね。日本語指導の教員を今後一〇年で定数化して増やしていくことが決まり、それは大きな動きではありますが、現状に比べての増加率はわずかです（文部科学省初等中等教育局、二〇一七）。だから、わりあいすぐに予算がつくとしたら教員研修をする講師を雇う予算だと思います。先生たちを増やす予算じゃなくて、夏休みちょっと研修受けさせる予算ではないかと。

寺沢◉小学校英語と全く一緒ですね。教員を増やすための予算じゃなくて、研修の予算という点。

庵◉私も科研費で子ども向けの教科書を作っていて、その試用のために公立の中学校とタイアップしたんですけど、教員免許を持ってない人に対しては学校側からお金は払えないので、科研費から謝金などを払いました。そうでなかったらできないわけです。教員資格がないと教えられないから、形の上では補助員として入るわけですが、日本語教師がかなり実質的な支援も行う。しかし、枠組みとしてはお金は出せないから、こちらは教材の試用なので、交通費や謝金はこちらから出したわけです。

実際には、こうした現状だと、ボランティアで日本語教師が教えますという感覚でなければ、たぶん外国籍の子どもの日本語教育はできないと思うんです。だから、そういうふうにさせないためには、日本語教育の専門家にも給料を払うことを認める枠組みを作らなければならないと思います。しかし、現実的にはそれは難しいから、少なくとも子どもにとっては、教員免許を持っている人が日本語教育のマインドを持ってことにあたるってことをベースに考えたほうがいいんじゃないかと思います。助けてあげたいから、日本語教師はボランティアで教えに行きましょうということになっちゃうと、それこそ今度のオリンピックと一緒で、無報酬で働く、でもやりがいはありますみたいな話を強化しちゃうと思うんです。

寺沢◉教員免許に関わる法律を変えようみたいなのは、結構夢想的な話ですか。

庵◉いや、私はそれが一番現実的だと思うんです。ロビー活動するんだったら、そこに特化して、とにかく国語の、英語でもいいですけど教員免許をとるときに、たとえ一コマでもいいから日本語教育に関係する授業なり、実習なりしないと、教員免許をとれないというのを、一言入れられれば、状況は最も現実的に変わるはずです。シンボリックにも変わるし、現実的にもたぶん変わると思うんですね。

寺沢◉思い切って「日本語」っていう教科を作るというのは？

庵◉私もそれには「国語」っていう名称を廃止するってのが一番いいと思うんですけど。

寺沢◉「外国人向け日本語」ではなく？

庵◉それでもいいんですが、ただ、それはもっと大変じゃないかって気もするんですね。理想的には、日本人に対する「国語」教育もどっちも含めて「日本語」にするか、今の大学みたいに、外国人向けは「日本語」というふうにする。どちらでもいいんですが、ただ、そこを変えようとすると、ものすごく抵抗があるだろうから、日本語教師が行ったほうが話は早いと思うんです。しかし、「特別の教育課程」の流れからしたら、教員免許がある人が教えなきゃいけないということまでは作ったんだから、むしろそこに実効性を与えるようにやったほうがいい。というか、それ以外の方法で実質的によくなると思えない。ただで教えるというのなら話は別ですけどね。そして、そのほうが子どもにとってはいいかもしれないですが、さきほど言った意味でこの選択肢はとるべきではないと思います。

有田◉ただこの法案が通ったら、庵さんたちの科研費でっていうのが違ってくる、公的な予算が付けられるようになる、その根拠にはなるかなとは思うんですけど。

庵◉科研費に限らなくても、どこかに教えに行くプログラムみたいなのを競争的資金をとってとかいうのも可能性としてはないことはないと思います。たとえば、自治体が何か特別予算をつけるというのも、これまではその根拠付けをするのが難しかったかもしれませんが、「特別の教育課程」という公立学校における外国籍の子どもに対する支援についての公的な枠組みができたので、その理念に沿うといった形で、自治体がお金を出す気なら、出すときに名目を作りやすくなるということはあるでしょうね。

有田◉少なくとも今までは自治体の義務や国の義務というのはどこの法律にもなかったわけだから、その一歩にはすごくなるんじゃないか。すごくかどうかはわからないけど、一歩進んだんじゃないかなと思うんですね。

庵◉この基本法の活かし方は、まさに有田さんがおっしゃる「日本語教育は自治体や国の義務」というところだと思うんです。だから、日本語教育学会がロビー活動をやるとしたら、そこを突破口にして、自治体に徹底的に働きかけるべきだと思うんです。そういう意味で、法律を作ったこと自体のロビーも重要だけど、その中身に対するロビー活動のほうがより重要だと思います。

牲川◉自治体の義務もどう実行されるかが問題です。特別支援学級の場合、一人の教員が複数の学校を回っている例もあるようです。それと同じように、予算を一番ミニマムにするとしたら、日本語の先生も各地区に一人、特別な講義を受けた人がいて回る、という可能性もあるかもしれません（文部科学省の通知によれば、巡回や一つの学校にまとめての指導も認められている。（文部科学省、二〇一四年一月））。だから教員免許をとるときに全員というふうにならず、まあ一応ちょっとはやるかもしれませんけど、本当に現場に出る先生だけ特別な講義を受けて、その人ができるだけ効率よく回るっていうふうになってしまわないかと。有田さんがおっしゃっていた、普通の先生が日本語教育の知識を持っていたほうがいいっていうのは、担任も務められるような先生がそうした知識を持っていて、外国人の子どももいっぱい来るけど、みんなで生きていこうという発想を持った先生が現場にいるってことですよね。

有田◉そう、そう。マジョリティの子どもたちに働きかけられるから。

牲川◉でも効率を求めたら、たぶんできるだけ少ない人数で回るっていうふうになるから。本当にどう実現するかによりますよね。

庵◉ただ、牲川さんが言われた今のケースでも、たとえば、市町村の職員待遇で日本語教師を一人つけて、それで子どものケアができるんだったら、それこそ今の取り出し授業のコマ数とか考えれば、人口比で何十万人以上につき一人ということとすれば、九時—五時で働いてカバーするということはできないことはない。それだけでも、日本語教師の雇用という点からすれば、かなりのものだと思います。

牲川◉まあ、ポストができますよね。

庵◉ポストとしてはね。そして、それは結構重要なことだと思うんです。

牲川◉三重県鈴鹿市の教育委員会と早稲田大学の日本語教育研究科が協定を結んで、修了生の中川智子さんが日本語教育コーディネーターとして様々な活動を行っています。中川さんは小学校の教員免許を持っているそうですが、各学校を回って、研修をしたり子ども一人ひとりのことばの力の把握など、精力的に活動を続けてきています。このいわゆる「鈴鹿モデル」が全国に広がれば、永久的に雇用されるかはわからないけれど、ポストは増えますよね（「鈴鹿モデル」プロジェクトについては、川上郁雄研究室（二〇一〇）参照）。

庵◉それに、この形だと、日本語教師のクオリティコントロールはずっとやりやすいと思います。

牲川◉地方自治体の義務といっても、どこまでやるかですよね。

有田◉さきほどの牲川さんの話にも出てきましたが、十八人に一人という基礎定数化はされたので、それをつけてくれって要求することはできる。

英語教育界は政治に働きかけているのか

有田◉英語教育はあんまりないですか。何かそういうはっきりした…。

寺沢◉英語教育は法律でしばらない。教科教育は、おそらく学校教育法でやれちゃうんで、「英語教育推進法」みたいなところまで行く必要がないんじゃないでしょうか。

牲川◉ロビーイングなどはしないんですか。文科省に対する要求をちゃんとした形で。

寺沢◉まさにしてなかったので、この前、僕は、英語教育系のシンポジウムで、ちょっと小言を言いました。

牲川◉全くないんですか。

寺沢◉全くですね。まあ、英語科教育は、学校教育という制度で守られている存在ではあるので、する必要がなかったというのもあるかもしれないですが。でも、それを差し引いても、日本語教育のアクティブさっていうのは、純粋に羨ましいなとは思います。

有田◉守られてないから（笑）。

牲川◉でも、それだけなんか……。

有田◉守られてない。

牲川◉ないがしろにされているみたいな。

有田◉ものすごく、守られていないからですよね。

牲川◉やっぱり、怖いですから。こう政策が動いていて、現場がどういう影響を受けるのか、いつも怯えてますから。それをできるだけ早く察知して、なんとか防げるものは防ぎたいというのはありますね。英語教育界は、小学校の英語教育も英語教育っていうより小学校の先生の問題という感じなんですかね。

寺沢◉僕はそう考えているんですが、学界内の人の多くはそうは思ってなくて、英語教育の問題だと考えていると思います。僕は小学校英語は労働問題、つまり、小学校を取り巻く教育環境の問題だと思っているんですけど、文科省の英語教育を推進している人たちも、英語教育界の小学校英語を推進している人たちも、「英語教育における初等教育部門」をどう盛り上げていくかっていう認識だと思いますね。

牲川◉盛り上がっているから、別に要望は必要ないわけですよね、英語教育界的には。

寺沢◉そうですね。

牲川◉小学校教育という研究分野では、要望を出すかもしれないですね。たとえば「新たな負担はだめだ」という感じで。でも英語教育的には、「まあ、いいじゃないか」と。

寺沢◉そうです。英語教育界的にも「ここはもうちょっと改善してください」くらいの要望はありますが、「これをこう改善してください。してくれないなら私たちは協力しません」みたいな是々非々の態度ではない。基本、やると決まったらやりましょう。そういう点で言うと非政治的な層が厚いですよね。

有田◉組合なんかは全然反対しないんですか、日教組とか。

寺沢◉たとえば全日本教職員組合は、働き方改革との関連で、明確に反対の要請を出しています（全日本教職員組合、二〇一七)。でも、英語教育の中身には、全然口は出しません。組合としてまとまれないんでしょう。政治的な問題、たとえば、国旗国歌とか道徳とか歴史教育とかと違って、英語教育というコンテンツに政治性があまりない。歴史だと左派系の教組が断固反対っていうことは普通ですけど、英語教育の場合は、そういう統一的見解を出しづらい。ただ、「働き方改革と小学校英語」ということであれば確かに政治的問題・組合的問題です。そういう流れで出たのが今言った緊急要請でしょうね。

牲川◉組合としてか、それともその中の英語部門が出したということなんですか。

寺沢◉全体でだと思います。委員長名で出てるんで。

牲川◉有田さんの論考からどんどん広がりました。現状としての、日本語教師の職場について、シビアな部分の話も出ましたが、有田さんとしては、教員自体は立場の違いや対象とする学生の違いを乗り越えて、同僚同士で学び合って教育内容を高めていこうという希望があると。また、英語教育に比べれば、日本語教育は政治に直接の働きかけを行っていて、政策に影響を与えようとしている。それが今後どこまで続くか、どこまで行けるかというところですよね。ロビーイングの方向としては、新たに日本語教師のポストを増やすのか、小学校の先生たちみなさんに、外国人も含めたマイノリティの子どもたちにどう教育していくのかという基本的な知識を持ってもらうのか。文科省的にはとりあえず、学校生活に馴染んでほしい、外国人を馴染ませたいということがすごく強くて、受け入れる側の多文化共生的なマインドを育てるということまではとても行ってないような気がします。厚生労働省もそうでしょうし。

有田◉だから、私、そこは、私たち日本語教師がもっと発言していっていいところというか、していかなきゃいけないところなんじゃないかなというふうにはすごく思うんですね。でも、そうすると、庵さんのお話と、ちょっと、たぶんバトルになるところだとは思うんですけど。

庵◉なりますか（笑）。私はならないような気がするけど。

牲川◉日本語教師の専門性として、一般社会への外国人に対する意識であるとか。

有田◉そう、私たちの仕事って、外国人に教えることは絶対大切なんだけど、それだけだと、全然完結しないっていうか、不十分だと思うんです。

第2章　学習者の変化に対応しポストを守るための留学生日本語教育と〈やさしい日本語〉

庵　功雄

現在「留学生センター」が対象とする学習者の中には、設立当初の想定とは異なり、必ずしも日本語学習の動機づけが高くない者が増えてきています。一方、大学の留学生獲得戦略の変化に伴い、留学生教育を英語で行う「英語シフト」の流れも生まれてきています。こうした「留学生センター」を取り巻く状況の変化の中で、これまでと同様の留学生教育を行っていくことは、「日本語教育の専門性」を主張することを難しくし、結果的に、「留学生センター」のテニュアポストを失うことにつながりかねず、そのことは、日本語教育研究に関する諸分野の消滅につながりかねません。第2章では、こうした問題意識のもと、〈やさしい日本語〉の観点から、初級から学習者の動機づけを高めるための新しい文法シラバスと、それに基づく新しい初級教育のモデルを示しました。また、〈やさしい日本語〉が日本語母語話者にとって持つ意味とその観点から日本語教師の存在意義を高める方策についても考えました。

キーワード　動機づけ、英語シフト、テニュアポスト、〈やさしい日本語〉、文法シラバス、新しい初級

一　はじめに

大学の留学生日本語教育を取り巻く状況は以前に比べて大きく変わりつつあります。日本語教育という学問分野が生き残っていくには、この外的状況の変化に対応し、それを積極的に活かしていく努力をする必要があります。第2章では、筆者が近年取り組んでいる、〈やさしい日本語〉と文法シラバスの見直しを通して、この問題について考えてみたいと思います。

二　留学生日本語教育を取り巻く環境の変化

上述のように、留学生日本語教育を取り巻く状況には大きな変化が見られますが、本節では、そのうち、学習者の変化、大学の留学生獲得戦略の変化、の二点に絞って考えていくことにします。

学習者の変化

第一の変化は、学習者に関するものです。

国立大学の「留学生センター」（現在は改組などでこの名称ではないところが増えていますが、本章では、大学において日本語教育を所管する部署の名称として、「留学生センター」という語を用いることにします）は、中曽根政権下の「留学生一〇万人計画」を受けて、大学院入学をめざす研究生の予備教育を中心に行う部署として設置されました。こうした学生は、野田尚史氏の言う「日本語エリート」に当たりますが、現状では、そうした「日本語を活かしたキャリアに就くことを目的とする」日本語学習者は日本中のほとんどの「留学生センター」で少数派になっています。

実際、国費留学生の大学院進学者のための「予備教育」のコースを設けている「留学生センター」はほとんどありません（筆者の勤務校においても数年前、このコースを事実上廃止しました）。なお、文系、少なくとも日本語学／日本語教育学関係の大学院は留学生が多数派となっています。彼／彼女らの多くは「日本語エリート」ですが、入学時に大学院の授業についていけることを想定されている私費留学生であり、「留学生センター」での教育の主たる対象者ではありません。

現在、「留学生センター」における多数派は、大学間の交流協定に基づいて来日する「交流学生」です。もちろん、「交流学生」の中にも日本語学習の動機づけが高い学生も数多くいますが、その一方で、日本語学習の動機づけをほとんど持っていない学生も同様に数多く存在します。

現行の日本語教育のシラバス、特に初級文法シラバスは、日本語学習の動機づけが極めて高い「日本語エリート」を想定して作られました（岩田、二〇一五）。しかし、現状では、そうした学習者は一部に限られ、多数派は日本語学習の動機づけが乏しい学習者です。

こうした場合、取り得る対策として、「サバイバル・ジャパニーズ」の教育を行うということが考えられます。これは、理系では以前から存在していたことなので、目新しいことではありません。ただ、これまでは文系の日本語教育では「キャリアパス」をめざすことが前提とされてきた場合が多く、そこが変質することは、後述するように、「留学生センター」の存立に関わってくる可能性があるのです。

しかし、この選択肢は安易にとるべきではないと考えられます。なぜなら、こうした教育では「日本語教育の専門性」を主張しづらく、日本語教育の日本語学校へのアウトソーシング、定員削減、日本語教育以外の部門との兼務などの形での実質的な人員削減につながる可能性が高まるからです。

現在、国立大学では人文系を中心に「定員削減」の流れが強まっており、日本語学系のポストも「引きはがし」の対象となっています（これに関しては仁田（二〇一五）も参照）。こうした流れは、地方の「留学生センター」にも及んできており、新規教員採用のかなりの部分は、交流協定関連業務などとの兼務の形になっています。これは実質的な人員削減です。

大学の留学生獲得戦略の変化

もう一つの変化は、各大学の留学生獲得戦略です。

現在、有力大学は、海外の一流大学からの留学生を増やすことで国際的な「大学ランキング」を上げることを目標に掲げており、その一つの手段として、留学生教育を英語で行うという「英語シフト」の流れが強まってきています。

「変化」が含意すること

こうした外的状況の変化の結果、「留学生センター」は、(設立当初の想定とは異なり)日本語学習の動機づけが乏しい学習者に対応しなければならなくなってきています。また、「英語シフト」との関連では、留学生教育を日本語で行っていては優秀な留学生を獲得できないので、留学生教育は英語で行うべきだという主張も見られます。大学の授業に英語での授業を取り入れることは、「大学のグローバル化」の流れの中で推奨されており、この点からも「英語シフト」の流れが今後強まる可能性は大きいと考えられます。

このように、「留学生センター」の教育対象者の中心が日本語学習に対する動機づけが乏しい学習者になってきているにもかかわらず、「留学生センター」の教員がその変化に対応しない/できない場合、以下に述べるような問題が生じる可能性が高くなります。

「変化」に対応しない/できないというのは、学習者の動機づけに合わせた教育しか行わないということです。そうした方法の典型は上述の「サバイバル・ジャパニーズ」であり、初級を「日常会話」ができればよいという形にするという選択肢を採ることもこれに類するものであると言えます。

しかし、上述のように、こうした選択肢を採った場合、「日本語教育の専門性」を主張することは難しくなります。そうした場合、日本語教育（少なくとも初級）のアウトソーシングなどを通して、専任教員の削減（日本語の授業を非常勤教員中心にし人件費を削減する）が行われる危険性が強まることが予想されます。実際、英語教育を外部の英語学校にアウトソーシングしたり、第二外国語の縮減を進めている大学は少なくありません。

こうした事態が起こった場合、「留学生センター」に勤めているテニュアトラック（任期なし）の教員のポストが失われることになります。「留学生センター」のポストが失われるということは、博士号を持つ日本語教育（学）や日本語学のPD（Postdoctorial）が就職するポストがなくなるということを意味します。「恒産なくして恒心なし」という孟子のことばを引くまでもなく、このことは、日本語教育（学）や日本語学という学問分野が存立できない状態になるということを意味するのです。

何をなすべきか

それでは、こうした状況にあって、日本語教育は何をなすべきなのでしょうか。筆者は、最低限次の二点を論点にすべきであると考えています。

（一）ａ　学習者の動機づけを高めるシラバスの開発

ｂ　日本語で留学生の教育を行っても、英語で行うのと変わらない効果が得られるシラバスの開発

（一a）は、学習者の多数派が「日本語エリート」ではなく、日本語学習に対する動機づけが必ずしも高いとは言えない学習者が中心となりつつある現状において、学習者の日本語学習に対する動機づけをいかに高めていくかという問題です。

（一b）は、「英語シフト」の背景にある、「日本語で留学生教育を行っていたのでは、時間がかかりすぎて、海外の優秀な留学生が日本に来ない」という命題をいかに否定するかという問題です。このことに対する実証的な回答が提案できれば、「留学生センター」の基盤はかなり安定したものになると考えられます。

なぜなら、文系の場合、海外の優秀な留学生が日本を留学先に選ぶとすれば、その目的は、日本の社会科学、人文科学を学ぶためであり、そのためには、英語だけでそれらを学べる（これなら母国でも可能で留学の必要はない）より、日本語で資料を扱えたほうがいいのは明らかだからです。

以下では、この二つの問題に関する筆者の考えを論じますが、その際に、筆者が近年手がけている〈やさしい日本語〉という考え方を援用します。次節では、その前提として、〈やさしい日本語〉についてごく簡単に紹介します。

三 〈やさしい日本語〉について

本稿では筆者が研究代表者を務める研究グループの立場からした「やさしい日本語」について論じます（「やさしい日本語」には、これ以外に、佐藤和之氏らの研究グループによる、主に災害時における外国人への情報提供を目的としたものがあります（佐藤（二〇〇四）ほか）。この立場の研究と、本稿の立場との関係については、岩田（二〇一三）を参照してください）。また、本稿の立場からした「やさしい日本語」を〈やさしい日本語〉と表します。

〈やさしい日本語〉の研究は、公的文書の書き換えからスタートし、成人の外国人を対象とする情報提供（岩田、二〇一六）、地域日本語教育（庵監修、二〇一〇、二〇一一）などに拡張しています。一方、近年は、外国にルーツを持つ子どもたち（志村、二〇一九、庵・早川、二〇一七）やろう児に対する日本語教育（Iori & Oka, 2016、安東・岡・庵、二〇一九）や、日本語母語話者にとっての〈やさしい日本語〉の有用性（柳田、二〇一五、庵、二〇一五c）も研究の射程に入っています（これらの研究の全体像については、Iori (2016)、庵（二〇一六b）を参照）。

本節では、こうした展開を見せている〈やさしい日本語〉について概観します。

二種類の〈やさしい日本語〉

〈やさしい日本語〉には、「居場所作りのための〈やさしい日本語〉」「バイパスとしての〈やさしい日本語〉」という二つの側面があります。

居場所作りのための〈やさしい日本語〉

〈やさしい日本語〉の第一の側面は、「居場所作りのための〈やさしい日本語〉」というものです。これは、主に、成人の定住外国人を対象とする場合のものですが、これには、次の三つの機能が存在します（これらについて詳しくは庵（二〇一六b）を参照してください）。

（二）a　初期日本語教育の公的保障の対象としての〈やさしい日本語〉

b　地域社会の共通言語としての〈やさしい日本語〉

c　地域型初級としての〈やさしい日本語〉

（二ａ）は、日本が今後正式に移民政策をとる際に、定住目的で来日する外国人に対して、公費で一定期間日本語教育を行うことが必要である、ということを前提に、その内容を定めるという役割です。

（二ｂ）は、定住外国人と地域の日本人住民との間の共通言語としての機能です。外国人が日本に定住するということは、地域の日本人住民との間に何らかの共通言語が必要になるということでもあります。その際に、英語が共通言語として適格ではないことは岩田（二〇一〇）などで明らかになっています（庵、二〇一六ｂも参照）。

一方、日本語母語話者が調整を加えないで使う「普通の日本語」（「普通」という語は、それ以外のものを何らかの意味で「異常」と見なすことを含意しかねないため、適切ではありませんが、この意味を表す適切な語が日本語には存在しないため、あえて「普通」という語を用います）も共通言語としてはふさわしくありません。その理由は次のとおりです。

「普通の日本語」を共通言語とするということは、日本語母語話者並みに日本語が使えることを日本社会への参加の必要条件とするということです。そして、そのことは、外国人の能力を日本語に関する語学能力だけで判断することに通じます。このことの問題点について考えるために、まず、土岐（一九九四）の指摘を引用します。

（三）日本の大手自転車会社の工場長がタイからの技術研修生に会った時、「わたチ…じどうチャ…」などと話しているのを聞いて、引率の日本人に、この人達はほんとうに仕事ができるのか」と心配そうに言ったというが、これなどは、「わたチ」や「じどうチャ」などという発音の仕方が、日本語では幼児の話し方に似ているところから、勝手に人格や能力の判断にまで結び付けて出された反応

であったとまずは解釈できよう。（土岐、一九九四、傍線庵）

ある人間の能力を外国語の運用能力（しかも、上記の場合は発音のみ）で測るというのは愚かなことですが、発音（「訛り」）が嘲笑の対象となることの実例は古今東西枚挙にいとまがありません。ここで上記の「逆」に相当する例は容易に見つかります。

サ行（サシスセソ）を普通に発音すると、シのときだけ舌先がつく位置が異なることがわかります。つまり、サスセソの子音は[s]であるのに対し、シの子音は[ʃ]なのです。一方、シャ行（シャシシュシェショ）を発音してみると、舌先がつく位置は変わりません。つまり、シは「シャ行イ段」の音であり、「サ行イ段」のシはシャ行のシを借りてきているのです。このため、日本語では[si]と[ʃi]が区別されません（＝日本語母語話者はこの二音を同じ音だと聞いてしまいます。庵（二〇一二）参照）。そのため、"She sees a sea." という文は意識して発音しない限り、[ʃiːʃiːzaʃiː]となってしまいます。これは、まさに（三）のタイ語話者のケースの英語版と言えます。もし、日本語母語話者が[si]と[ʃi]の区別ができないというだけことで、英語母語話者から無能扱いされたらどう感じるでしょうか。「わたチ」「じどうチャ」を笑うことの問題点がおわかりいただけたかと思います。

そうだとすれば、「普通の日本語」を上述のような地域社会の共通言語にするという発想が不適切であることも理解いただけるでしょう。屋上屋を架すきらいはありますが、この点についてさらに認識を深めていただくために、以下のツイートも引用しておきます。

（四）日本語が発展途上中の外国人と、彼らに失礼な態度をとる人を見るたびNY生活時の自分を思い出す。英語の先生が「英語力であなたの知性や人間性を判断したりしないから。発音や文法なんて気にせず安心して自分の考えを話しなさい。ＮＹは言葉を待ってくれる街よ」と言ってくれた時は本当に救われた。（ヤンヨンヒ https://twitter.com/yangyonghi/status/1048622099026173952）

以上の点を踏まえて考えると、論理的に考えて、地域社会の共通言語として機能しうるのは、日本語母語話者が調整を加えた日本語、すなわち、〈やさしい日本語〉しかないことがわかります。こうした形で共通言語が成立した場合のモデルは図1のとおりです。

ただし、これは、地域社会の共通言語になる可能性があるのは〈やさしい日本語〉だけであるということであり、放っておけば〈やさしい日本語〉が共通言語となるということではありません。むしろ、日本語母語話者の意識が変わらない限り、共通言語は決して生まれないと考えるべきです。

最後に、（二c）は、学校型日本語教育と対象者も方法も異なる地域型日本語教育に適した初級（地域型初級）のシラバスとしての役割です（庵、二〇一五a、庵監修、二〇一〇、二〇一一）。

バイパスとしての〈やさしい日本語〉

〈やさしい日本語〉の第二の側面は、「バイパスとしての〈やさしい日本語〉」というものです。これは、外国にルーツを持つ子どもたちや、ろう児などを対象としたものであり、これらの子どもたちが日本語母語話者の子どもたちと対等に競争して、日本社会の中で自己実現することを可能にするために、彼／彼女たちと日本語母語話者の子どもたちとの間にある日本語に関するハンディを埋めるための機能を指します。

日本語母語話者＜受け入れ側の日本人＞
↓　コード（文法、語彙）の制限、
日本語から日本語への翻訳
〈やさしい日本語〉（地域社会における共通言語）
↑　ミニマムの文法（ステップ1，2）と語彙の習得
日本語ゼロビギナー＜定住外国人＞

図1　地域社会の共通言語と〈やさしい日本語〉

四　文法シラバス見直しの必要性と新しい文法シラバス

前節で取り上げた〈やさしい日本語〉が持つ二つの側面は、日本が今後正式に「移民」を受け入れる際に、「ことば」の問題としてどうしても考えなければならない問題を取り上げたものでもあります。

一方、これらの問題に対して言語的にどのようにアプローチするかについては、筆者は文法シラバスの見直しと、それにともなう日本語教育観の根本的な見直しの必要性を主張しています（庵、二〇一五a、二〇一五b、二〇一八a）。本節と次節では、この主張が留学生日本語教育にも当てはまり、それが、六一頁の（一）に掲げた問題解決への突破口となり得ることを論じます。そのうち、本節では文法シラバスの見直しの必要性について述べます。

産出のための文法の必要性

現在の文法シラバスは遅くとも一九六〇年代にはその骨格が定まり、さらにさかのぼれば太平洋戦争末期に至ります（岩田、二〇一五）。そして、その後五〇年以上にわたり実質的に変更されずに今日に至っています。前述のように、この間、学習者層はこのシラバスが想定していた「日本語エリート」から大きく変わってきているにもかかわらず、その変化にそくして文法シラバスを改変しようとする内発的な動きは、日本語教育界からは全くと言っていいほど現れてきていません（庵、二〇一三a）。筆者は、そうした日本語教育界の体質が、現在日本語教育に襲ってきている荒波に対抗する力を大きく削いでいると考えています。

さて、文法シラバスを見直す上で、まず考えるべきは、理解レベルと産出レベルの区別です（両者の区別について詳しくは庵（二〇一七）などを参照）。

文法や語彙には、意味がわかればいいもの（理解レベルの項目）と、意味がわかった上で使える必要があるもの（産出レベルの項目）があります。

後述のように、学習者の動機づけを高めるには、学習者が「母語でなら言えることを日本語でも言えるようにする」ことが重要ですが、そのためには、文法項目を産出レベルに限定した上で、大幅に絞り込むことが必要です。本稿では、こうした立場に立ち、以下では産出レベルの文法シラバスを考えていくことにします。

現行の文法シラバスの問題点

本稿では、新しい文法シラバスの重要性を論じるわけですが、その前に、現行文法シラバスの問題点を簡単に見ておきます。

第一の問題点は、特に初級において、不必要な項目が多すぎるということです。このことの例として挙げることができるのが「推量の「でしょう」」です（庵、二〇〇九）。

（五）（推薦状の締切を問い合わせたメールへの返信）
締切は来週の金曜日です。来週の水曜日までにいただければいい｛??でしょう／ok と思います｝。

（五）のような誤用は聞き手（読み手）を不愉快にする「カチンと来る誤用」（野田尚史氏）ですが、その背景には、初級で全く不要である「推量の「でしょう」」が文法シラバスに取り上げられていることがあります。
第二の問題点は、文法の導入が事実上初級に限られていることです。確かに、中級以上においても「文法」を扱う授業は存在しますが、その大部分は日本語能力試験N1、N2の受験対策のものであり、後述の「母語でなら言えることを日本語でも言えるようにする」ということに関わるような文法項目はほとんど取り上げられていません。

現在の「文法」で扱われている文法項目の多くは、複合格助詞や周辺的なモダリティ形式ですが、複合格助詞の産出レベルの使い分けが問題になる場面はほとんどないと言っていいでしょう。たとえば、「について」と「に関して」の使い分けを間違えたとして（そうした「誤用」が発生する場面自体が想像しにくいですが）、それが伝達上の問題につながる可能性はほぼゼロであると言えます。

それに対して、（六a）と（六b）を使い分けることや、自分がある行為を不本意ながらせざるを得なかったという気持ちを（七a）のような使役受身を使って表現できることは、「複合格助詞の使い分け」などよりもはるかに必要なことですが、これらの項目が（適切な産出を目的として）導入されることはほとんどありません。こうした問題点を克服するためには、文法項目を形式単位ではなく、用法単位で取り上げ、必要なものについては段階的に導入することが必要です（この点について詳しくは庵（二〇一八c）参照）。

（六）　a　パリに出張してください。
　　　b　パリに出張させてください。
（七）　a　コンパで酒を飲まされた。
　　　b　#コンパで酒を飲まれた。（（七a）の意味では非文法的）

このように、現行の文法シラバスには、「不要な項目が多すぎる問題」と、「必要な項目が採り上げられていない問題」が存在すると言えます。

新しい初級文法シラバスの理念

以上の点を踏まえて新しい文法シラバスを構築する場合、特に初級においては、次の点に留意する必要があります。

（八）　学習者が母語でなら言えることを日本語でも言えることをめざす

このことの重要性は三節で述べた「居場所作りのための〈やさしい日本語〉」の観点からは明らかです。たとえば、われわれが何らかの理由で、外国に一定期間滞在することになった際、現地語で「日本語でなら言えることをその言語でも言える」ようになるか否かで、精神的な安心感が全く異なることからも、このことは理解していただけるでしょう（イ（二〇一三）も参照）。

一方、（八）を満たすような文法教育が初級で行われれば、二節五九頁で取り上げたような日本語学習に対する動機づけが乏しい学習者であっても、日本語学習に対する動機づけは高められると思われます。なぜなら、彼／彼女らは日本には関心があり、英語や母語でなら日本について言いたいことを多く持っていると考えられるからです。

こうした要件を満たす文法シラバスを具体的にどのように構築するかについては、内容がやや日本語学的になるため、その詳細は割愛しますが、ごく簡単に言えば、日本語の文を構築するための基本的な素材（これを文法カテゴリーと言います。庵（二〇一二、二〇一八c）参照）をすべて含み、かつ、同じ文法カテゴリーに属するものは一つだけにする（たとえば、「条件」を表す項目は「たら」だけにする）といった「一機能一形式」を原則とすることにより、（八）は達成されると考えるものです（詳細については庵（二〇一五a、二〇一五b）参照）。

五　言語習得観転換の必要性（初級）

四節では、産出レベルを重視する新しい文法シラバスの考え方について述べました。本節では、その議論を受けて、初級に限定して、新しいコースデザインについて述べますが、それに関連して、これまでの言語習得観を転換する必要性について述べます。

初級に対する新しい考え方

以上のことを念頭に、初級における言語習得観を転換する必要性について考えます。

まず、現在の初級における文法（文型）と語彙の関係を考えます。現在、日本国内の日本語教育機関で通常行われている直接法では、語彙をコントロールして、文型を導入していく形が取られています。これは、「文型」が増えることを習得と見なすということであり、言い換えると、「文型」を変数とし、「語彙」を定数と見なしていることになります。

この教授法は優れたものですが、この方式がうまく機能するためには、学習者の動機づけが高く、上級まで日本語を学ぶ意志を持っていることが必要です。なぜなら、この方式では、語彙に制限をかけるため、どんなに優秀な学生であっても、初級修了時点の到達レベルは小学校高学年程度に留まるため、そのことを問題としないだけの最終的な到達目標に対する強い動機づけが必要だからです。

これは、直接法を批判しているわけではありません。学習者が上級まで日本語を学ぶという強い動機づけを持っている場合は、最初の半年が仮に小学校高学年レベルであったとしても、その後半年ごとに、中学生レベル、高校生レベルと進んでいき、二年間で大学生レベル（すなわち、日本の大学で学ぶことができるレベル）に達するので、途中経過は問題になりません。また、こうした段階性は、日本語を母語とする子どもの日本語習得とも並行的です（なお、初級時のこうした語彙的な制約は「直接法」をとることに由来する可能性もあり、伝統的な日本の英語教育のような「間接法」（外国語環境ではこのほうが一般的）の場合には直接法の場合と異なるモデルを考えることが可能かもしれません）。

繰り返しになりますが、「学習者の動機づけが高ければ」、この方式は特に問題になりません。しかし、現在の「留学生センター」のように、学習者の動機づけが必ずしも高くない場合には、この方式はうまく機能しません。それは、こうした形で語彙を制限した場合、学習者が自らの考えを述べることができるまで多くの時間を要しますが、そこまで学習者の学習意欲を維持することは困難だからです。

以上から、本稿のような問題意識からすれば、現行の言語習得観とそれに基づく教授法を転換する必要があるという結論になります。これを図示すると表1のようになります。

つまり、新しい初級では、「文型」の数を大きく制限し（ただし、四節で述べたように、この方法で森羅万象を述べることは可能です）、その一方で「語彙」には制限をかけません。このことの日本語教育に対する含意は次小節で述べます。

新しい初級とそれがもたらすもの

前小節では、新しい初級の考え方として、表1を挙げました。本節では、この新しい初級の考え方が具体的にもたらすところについて考えます。

新しい初級では、最低限必要な文型（庵（二〇一五a）で提案したＳｔｅｐ１、２に相当します）を学習した後は、語彙に制限をかけず、学習者が自分が言いたいことを日本語で表現する活動を中心に授業を進めていきます（なお、ここでは、Ｓｔｅｐ１、２に相当する最低限の文法項目を習得する過程においては、現在の初級におけるような導入の仕方をすることを想定していますが、この部分から、こうした方策をとらない立場も考えられるかもしれません。これについては、今後の実践の成果を待ちたいと思います）。

上述のように、これは、三節の「居場所作りのための〈やさしい日本語〉」におけるのと同様、「母語でなら言えることを日本語でも言えるようにする」こと（＝（八））を目標にするということです。

具体的には、学習者は、母語で言いたいことを念頭に置き、それをまず「文型」レベルで既習の日本語の文型に対応させます。次に、Ｇｏｏｇｌｅ翻訳などを用いて、母語で言いたい「語彙」の日本語訳を探し、先に対応づけを考えた日本語の「文型」にその語彙を入れます。これで、学習者が母語で言いたいことの日本語での表現は一応完成します。

実際のクラス活動の例としては、次のようなものが考えられます。

まず、学習者は自分が表現したい内容を文字で表し、スライドなどでその内容を投影し、クラスで共有しながら活動を続けます。これは、この方式の場合、産出が理解に先行するため、文字を共有しないと、学習者同士の日本語での意思疎通が難しくなるためです。なお、この際、スマートフォン、パソコンなどは積極的に利用します。その一方、手書き、特に漢字の手書きは前提としません（庵（二〇一八b）、カイザー（二〇一八）参照）。

その上で、教師は、学習者が産出した日本語文について、その内容を理解し、必要なフィードバックを与えます。この際、すべての項目を修正するのではなく、初級レベルで修正すべき内容に限定してフィードバックを与えることが必要です。

つまり、こうした新しい初級における教師は、学習者という投手がどのような球を投げてきても受け止められる捕手の役割を担うことになるのです。

表１　初級に関する言語習得観

	これまで	これから
文 型	変数（どんどん増やす）	定数（あまり増やさない）
語 彙	定数（あまり増やさない）	変数（制限をかけない）

テキストの真正性と学習者の動機づけ

このような形で新しい初級のクラスが作られた場合、そのクラスは学習者の日本語学習の動機づけを高めることができるでしょうか。

筆者はそれは可能であると考えます。その理由は次のとおりです。つまり、このタイプの授業では、学習者が産出するテキスト（一文のこともあれば、文連続のこともあります）は、学習者にとって、「自分が言いたいことを日本語で述べ（ようとし）たもの」であり、彼／彼女にとって真正な（authentic）ものです（真正さ（authenticity）の重要性については庵（二〇一七）参照）。したがって、それについて、教師が与えるフィードバックも、彼／彼女にとって「理解可能なインプット」（Krashen, 1985）となる可能性が高いと言えます（ただし、この際、教師が学習者のその時点での習得段階に見合った（学習レベルより高すぎない）フィードバックを与えることが重要です）。

このような形で初級の授業を構成することができれば、最初に挙げた次の二つの論点はともにクリアできると考えられます。

（一）ａ　学習者の動機づけを高めるシラバスの開発

　　　ｂ　日本語で留学生の教育を行っても、英語で行うのと変わらない効果が得られるシラバスの開発

（一ａ）については前述しましたので、（一ｂ）について述べると、（一ａ）のような形で動機づけを高めることができるとすれば、学習者は初級修了時にＳｔｅｐ１、２文型を十分に使いこなせるようになると考えられます。

ここで、Ｓｔｅｐ１、２の文法項目は、産出レベルにおける「中級」の基準を提示した山内（二〇〇九）

の基準を満たしています（庵（二〇一五a）、山内（二〇一五）参照）。こうしたことから、この新しいシラバスは、「日本語エリート」を対象とするこれまでの「初級」と等価性を持っており、かつ、学習者の負担は大きく減っていると言えます。

さらに、庵（二〇一五b）で述べているような形で、中・上級レベルの文法項目を積み上げていけば、学習者は無理なく学習を進めていくことができると考えられます（庵（二〇一五b）の内容の検討結果については、太田・永谷・中石（二〇一八参照）。また、中・上級レベルの文法シラバスが依拠している考え方については、庵（二〇一八c）参照）。こうした形で学習を続けられれば、学習者の動機づけを保ちながら日本語学習を進めることができ、結果として（一b）の条件もクリアできると考えられるのです。

コンピューター化（computerization）と語学教師

以上で、本稿の研究課題（research question）は一応解決したと言えますが、ここでは、七三頁で見た新しい教師像（学習者の荒れ球を受け止められる捕手）が今後の日本語教育に与えうる含意について簡単に述べておきたいと思います。

この章では、留学生日本語教育を取り巻く社会的変化として、「学習者の変化」と「大学の留学生獲得戦略の変化」を取り上げて、それへの対抗策を考えてきました。しかし、実は、ある意味で、この二点以上に大きな脅威が存在します。それは、コンピューター化（computerizarion, ＡＩ化）です。

Frey & Osborne（2013）が述べているように、コンピューター化は今後否応なくわれわれの生活を変えていくと考えられます。そして、その中でかなりの数の職業がなくなるか、大きく変わることが予想されます。語学教師もその例外ではありません。

実際、今井（二〇一五）によれば、アメリカの英語教育では、大規模eラーニングシステムが語学教師に取って代わるという事態も出現し始めているとのことです。

こうした状況との関連から、新しい初級クラス、および、そこで求められる教師像について考えると、こうしたスキルを身につけた教師はコンピューター化の荒波の中を生き抜いていけると筆者は考えます。なぜなら、前節と本節で想定する授業で学習者が産出するテキストは事前に予見不可能であり、それに対するフィードバックの与え方もアプリオリに決めることはできません。これらの変数を読み込んだeラーニングシステムを開発することが不可能だとは言い切れませんが、費用対コストの点から考えてもそのような投資が行われる可能性は低いと考えられます。つまり、下世話な言い方をすれば、こうした教育上のスキルを身につけられれば、「食いっぱぐれがない」ということです。

六　テニュアポストを守るために

本章では、日本語教育を取り巻く社会的状況が大きく変化していることを述べ、大学の「留学生センター」を取り巻く状況に関する筆者の現状認識を述べました。そして、そうした変化の中で日本語教育が生き残るための手段として、初級に関する考え方の改新の必要性を述べ、新しい考え方に基づく初級教育のモデルを提示しました。

大学の中で、テニュアトラック（任期なし）のポストを守ることはその研究分野を守ることです。そのためには、大学の執行部を含む、他分野の関係者に理解してもらえるような教育、研究のあり方を示していくことが絶対的に必要です。これから一〇年後に、日本語教育（学）という研究分野が持続可能な形で生き残れるか（現状が続く限り、筆者にはその可能性は高くないように思えます）否かは、日本語教育関係者一人一人が、いかに現状を理解し、それに向かってどのように行動していくかにかかっています。

七　おわりに――〈やさしい日本語〉の可能性

第2章では、「留学生センター」が置かれている外的状況の変化に対応し、いかに、大学内でのテニュアトラックのポストを守っていくかという問題について、〈やさしい日本語〉の考え方を援用しながら、考えてきました。

本章を閉じるにあたって、日本語教師の新たな社会的存在意義という観点から少し考えてみたいと思います。

〈やさしい日本語〉について、日本語母語話者にとっての「日本語表現の鏡」になるというものがあります（庵、二〇一六a）。

日本語母語話者にとって、母語である日本語を用いて達成すべき最も重要な課題は（九）であると考えられます（これは、母語の違いによらず、母語話者が母語を通して行うべき最重要の課題であると言えます）。

（九）　自分（だけ）が知っていることを相手に伝えて、相手を自説に賛同させる

このことは、アカデミックな場面で言えば、投稿論文や学会発表に、企業内であれば、就職面接や（社内、社外での）プレゼンテーションに、日常生活では、マンションの管理組合の交渉などに該当します。

しかし、日本語母語話者にとって、こうした能力を磨く機会は小中高の学校教育の中では得られにくいと言えます。それは、日本の国語教育においては、「感想文」「意見文」などの形で自分の意見を述べることはあっても、相手に自分の意見を伝えて、相手との交渉の中で自分の意見を相手に受け入れさせるような訓練

をする機会は乏しいからです。

こうした中、たとえば、ロールプレイなどの形で、外国人相手に「書き換え」や「言い換え」を行うことは、自分の意見を相手に受け入れてもらう前提である、自分の意見を相手に正確に伝えるという点において、貴重な訓練の場になります。それは、外国人はわからないことをわからないとはっきり言ってくれるからです。

こうした意味で、外国人相手の活動は、全体として、日本語母語話者の日本語運用能力の向上に役立つ可能性があります。そうして得られた知見を上記の（九）のような場面に応用することで、日本語母語話者が成功体験を得られる可能性が高まると考えられます。

三節で、地域社会における共通言語となり得るのは〈やさしい日本語〉しかあり得ないこと、しかし、それには日本語母語話者の意識の変容が不可欠なことを述べました。

こうした意識の変容は、容易に実現するものではありません。多数派（マジョリティ）である日本語母語話者の意識の変容を促すには、それに見合う「インセンティブ」が必要です（これは「福祉」についても同様であると考えられます。中川（二〇一五）、庵（二〇一六b）、中島（二〇一七）他参照）。

（九）を身につけることがそうしたインセンティブになるとすれば、〈やさしい日本語〉の存在意義はこの点からも高まると言えます。また、日本語教師は、外国人との日々の接触の中で〈やさしい日本語〉の運用能力を磨いているとも言えるので、この点から日本語の教師の存在意義を高めることも可能なのではないでしょうか。

本章の内容はJSPS科研費JP17H02350の助成を得たものです。

ディスカッション2 日本語教師の専門性は守れるのか

「内容重視」は日本語教師の専門性を高めるのか低めるのか

（ディスカッション1の終わりに、有田が、小学校教員を含む日本人というマジョリティに対し、多文化共生のマインドを伝えていくことも日本語教師の仕事だと思うとコメントしたのを受けて）

庵◉そのことはまさにそうでね。メールのやりとりでも、そこのところがやや舌足らずだったかもしれないんですけど、マジョリティに働きかける仕事は当然必要だと思うんです。私が言いたかったのは、そちらだけをメインにした場合、本当にそれが日本語教師の専門性になるのかなあということです。

今の「内容重視」などの話の流れというのは、ことばを教えるためにそういうことをやるということよりも、多数派に授業をすることが日本語教師の仕事だみたいな話になっていて、それはそれで悪くはないけども、日本語教師だからそういうマインドを持っているということなのか。いわゆる「市民性の教育」にしても、極端に言ったら、留学生のほうが、欧米の留学生のほうが、マインドとしては、それこそ生まれたときからそういうことを経験しているかもしれない。そうした授業を日本語教師が行うのと、そういうことを専門に研究している社会学なり政治学なりの専門家が行うのと、どっちが専門性が高いのかといったことですね。

日本語教師が行うこと自体を批判するわけではないし、私自身も少しは実践としてもやっていますけど、それだけが専門性だみたいな、そこに焦点化していくという話になると、大学当局から見たら、日本語教育の専門家というよりは、政治学や社会学の専門家がそういう授業をしていたら、そっちに一本化してもいいんじゃないか、そこに留学生を出させればいいんじゃないかみたいな話になってしまうかもしれない。あるいは、そういう専門家が二コマやればいいんじゃないかみたいな話になるかもしれない。そういう授業を英語でやって、留学生がわかるんだったらそれでいいんじゃないかみたいな話にならないかということですね。実際はそういうことではないと思いますけど、そうじゃないということを大学の執行部にどういうふうに訴えるかということです。

そういうことを日本語教師が行うんだったら、日本語教育として行うことの意義というか、日本語教師だからできるということをどういうふうに見せるのか。そういうふうに考えてくると、日本人学生と合同の場合は別として、留学生だけで行うんだったら、やっぱりそこをことばの習得に絡めないで議論するのは、よくわからない。個人的によくわからないだけでなく、（大学内の）政治的に危ないんじゃないか。大学当局がポストを減らそうとしているときに、他のところと同じようなことを行うんだったら、その分だけポストを減らしてもいいんじゃないですかといった話にならないかということです。

寺沢◉文脈がちょっとよくわからないですけど、あれですか。今、来ている「内容重視」、コンテンツベースト（Content-based Instruction：内容重視）とか。

有田◉ＣＬＩＬ（Content and Language Integrated Learning：内容と言語の統合学習）とか。

寺沢◉それが、日本語教育にも来てるっていう。

有田◉もう大分前から。

庵◉今非常に流行しているということですね。

寺沢◉それは、海外の日本語教育だけじゃなくて、日本でもそうなんですね。

牲川◉そうですね。ただ、日本語教育で言うコンテンツの意味はかなり広いです。英語教育ではどういうイメージですか、コンテンツベーストというと。

寺沢◉英語教育だと、いわゆる伝統的な、社会科、地理とか数学とか、これを英語で学んじゃうっていうことですね。

牲川◉それはイマージョンと違いますか。

寺沢◉イマージョンと同じ意味で使われていることも多いです。CLILもコンテンツベーストも、どちらも。ただ、イマージョンと言うと、単なる指導アプローチにとどまらず、カリキュラム編成やプログラムの運営方針の意味合いが強いですが。狭義の言語的知識を与えるのではなくて、その言語的知識はあくまでも暗示的に与えるという点では同じだと思います。

牲川◉たぶん庵さんもその意味でおっしゃっていて、歴史とか文化的なものを日本語で教える授業ですよね。ただ最近の日本語教育では、「内容重視」はかなり広い意味を持ってないですか。大学院生に対して、初級から自分の研究分野について書かせるとか、そういうものも含めての「内容重視」だとしたら、庵さんのこの「やさしい日本語」も、「内容重視」の一部を支えるような意味を持っていると思うんですが。

庵◉そういうことです。けれど「内容重視」というのと、ことば自体について何かをする、考えるとか教えるとか、教えるのは別に暗示的でも明示的でもいいんですけど、そういうことがなんか背反みたいにね、対立みたいに捉えられているんじゃないか。そこが問題です。

教えるときに内容ベースに教えるのは全然構わない。要するに、ことばをことばとして教えないということ、それ自体は全く問題ではない。ただ、そのためには、シナリオの段階でどういうふうにやったらことばが習得されるのかということに関して、教える側が設計図をかなり持ってないと、本来いけないはずです。だから、文法なら文法というのを前面に出して教えるか、背後に隠して教えるかという違いだけのはずです。つまり、教える側が、ことば（の習得）についてどういうふうに設計図を持って事に当たるかという点は同じであるはずです。

本来、理論的に言っても、言語要素の提示の仕方が違うだけであるはずなのに、「内容重視」と言ったら、ことば自体のことはすでにアプリオリに存在していて、自分たちは何も考えなくてもいい、考えなくてもいいだけならまだいいですけど、そういうことを議論すること自体がナンセンスみたいな、そういうふうな風潮っていうのが、一番問題じゃないかと思います。

牲川◉有田さんがメールで書いていらっしゃいましたけれど、企業で外国人を雇っている人たちにとっては、日本語教師はとにかくちゃんと、外国人が日本語で仕事ができるようにしてくれればいいんだと。日本社会でどう生きていくかとか、「市民性」がどうとかというのは教えなくていいと。それで、そういうことにまで手を出すと、というかそこにあまりにも重きを置くと、日本語教師の専門性があいまいになるという話がありました。

有田◉いや、背反してしまうというのはおかしいですよね。寺沢さんの文脈だと私たちの仕事がどんどん増えていくなあとは思うんですけど、やっぱり両方やっていかなければだめなんじゃないかと思うんです。ちょっと例としては違うかもしれないけど、文法訳読法があって、オーディオリンガルがあって、コミュニカティブアプローチがあって、歴史的にそういう流れはあるのだけれど、それってそれぞれが「全とっかえ」になるのではなくて、それぞれなくなっていくのではなくて、私たち、教室活動でそれを全部やらなきゃいけないじゃないですか。だからそういう技術とか、考え方とか、今まであったものを、しょうがないから全部蓄積してやってかなきゃいけないっていう。すごい大変だなと思うけど、でもやっぱり、背反するのではなくて、両方ともやらざるを得ないなというふうに思いました。それで「内容重視」に関して、さっき寺沢さんがおっしゃっていた武蔵野大でのシンポジウム（第一回批判的言語教育国際シンポジウム）で、私は聴けなかったんですけど、山口大学の山本冴里さんがご発表（「愛国心・メディア・宗教・性――第二言語、外語での教育実践を通して、私たちはどこまで行けるのか――」（山本、二〇一八））のスライドを送ってくださって、すごく面白かったんですよ。

言語のクラスで、愛国心・メディア・宗教・性の問題など、かなり厳しい、センシティブで、ある意味危険なトピックを取り上げる意味、価値があるのかという問い。山本さんご自身の実践をケーススタディとして考えていくという発表でした。それで、その結論の一つは、私たち語学の教員は、そうしたそれぞれの問題についてのexpertではなくとも、enablerになることはできる、ということでした。つまり、言語教師として、トピックに関する専門的な知識ではなく、適切な学習経験を提供できるはずだというものです。でもそこには言語的な手当て、文法であるとか語彙であるとか、それももちろん入ってくる。山本さんはそこのところはおっしゃってなかったと思うけれど、それは私は矛盾するものじゃないというふうに思います。

牲川◉「内容重視」、たとえば、私の博士課程のときの指導教授は細川英雄さんなんですが、そこの研究室の人たちはみんな「内容重視」をやっているというふうに思われているんですけど、たぶん全くの初級を教えるときは教科書を使っています。『みんなの日本語』（スリーエーネットワーク、二〇一二、二〇一三）などを使って。ただ、その文法だけを教えるんじゃなくて、自分自身を語る内容を提供しつつ、じゃあそこで習った文法が使えるよね、というふうに支援していくわけです。ですが、『みんなの日本語』などは、文法項目がとても多い、多すぎるというのは事実です。それで、庵さんのこの方法であれば、より初期の段階から自分たちの言いたいことを言うためのことばの教育ができると思いましたし、庵さんがこういうことを考えているというのが、ちょっと驚きだったんですよ。本書の元になった言語文化教育研究学会の大会シンポジウムのときは。日本語学者としてのイメージがとても強く、辞書もたくさん作られているし、表現の細かな意味の相違や用法の相違ということの研究者だというイメージがありましたから。それが、自己表現に必要な文法項目を最初の段階では絞っていいと、一方で、語彙はどんどん増やしていいというのは、大きな転換に私には思えたし、それによって日本語教育のポストを守るというのも面白い発想というか、うーんとうなりました（笑）。だから、その庵さんが「内容重視」があまりにも学会で主流になっていて、ことばのことについて触れられていないと感じている。けれども、学会誌に載っている論文はいまだ日本語学的なものもたくさんあります。発表は確かに日本語学的なものが減っているという印象はありますが。

庵◉要は、「内容重視」がよくないとかいうことではもちろんなくて、有田さんのおっしゃるように、両方やらなきゃいけないっていうのは、別に研究としてとか、そういう形で両方やる必要は全然なくて、研究としてはそれぞれ分担すればいいだけの話です。だけど、ことば自体について研究対象にしようとするときに、それが排除されるっていうのはよくない。得意なところが違うんだから、教える中身自体について考える人と、それをどういうふうに教室に持っていって、それこそコンテンツとどう重ねて、授業の中で言語習得が進むようにするかについて考える人がいたり、それを実践した結果を報告する人がいるとかですね。要するに、ことばの習得自体に絡むっていうことがやっぱり必要だと思うんです。

クリティカルな内容を扱うこと自体は、私はごく普通のことだと思うので、日本語教育でやって何の問題もないと思うんですね。私も、留学生対象の日本の近現代史の歴史の授業をしていますが、その授業の場合、受講生のほとんどが中国、韓国、台湾であるときに、その当時の話とかをやるわけだから、こちらの立ち位置を決めておかないと話せないっていうことはあって、そういう覚悟の上でそうした話を授業でやること自体は全然問題ないと思うので、それはそれでいいんです。

ただ、そのこととことば自体について何か考えること、ことば自体について、授業を担当している人も考えろというのではなくて、そこを分業していけばいいっていうだけのことなんですけどね。ただ、その簡単なことが、日本語教育学会で大会の運営にある程度関わった経験からすると、非常に反発というか抵抗を感じるわけですね。そうした風潮の結果、研究者志望の学生の中からも、日本語教育だから文法はやらないという声も聞かれます。

牲川◉「日本語教育だから文法をやらない」というのはどういうことなんですか。

寺沢◉英語教育だったらやるけど、みたいな感じですか。

庵◉そういうわけじゃないですけど、要するに、学会全体が、日本語教育っていうのは、ことば自体を考えるよりも他のことをやるところだというふうに考えているという感じなんですね。文法なんていうものは日本語教育の中で多数派が研究するようなもんじゃないことは、もちろんそれでいいんです。ただ、文法でも語彙でもそういうことをどう教えるか、どう授業に組み込むかという話はむしろ言語学系の学会じゃなくて、日本語教育学会でやるべきことだと思うんですね。そのためには、ことば自体について考える人とことばをどういうふうに教えるかを考える人が組んでやるのがいいと思うんだけど、そういう話にならないんですね。だから、それをなんとか見せたいから、私も一応学会では教え方の発表とかをするんです。そんな話を素朴な形でもいいからやってくれる人が少しでも出てきてくれればいいんだけど、そういう研究発表の応募は、私の経験から推測する限り、ほぼゼロだと思うんですよ。だから、結局はそういう今醸成されている学会内の流れというか、そういうのはちょっと変えられないなということですね。

日本語教育の大学専任ポストはどうすれば守れるのか、なぜ守らなければならないのか

牲川◉大学内の日本語教育のテニュアポストの確保ということに関しては、いかがでしょうか。大学により事情が違っていて、日本語教師に対して語学的にしっかり教えてほしいという要望がある一方で、入り口から出口までというか、生活支援や就職に役立つビジネス日本語教育をやってほしいとか。有田さんが本書第1章やご著書（有田、二〇一六）でも書かれているように、それが全部できるのが日本語教育のポストの人で、そういう人を雇いたいという大学もありますよね。そうすると、その教育の中身自体はあまり着目されないというか、留学生が大学でうまくやっていけるように生活面もケアしてくれればいいという傾向をちょっと感じるんですけど。

テニュアポストを守り続けるという意味では、どうでしょうか。語学的なことは非常勤でもできますが、ずっと四年間を見られるのは専任だけでしょう。短期の一年間の交換留学生については、非常勤に外注するという傾向がとても強いですけど。

庵◉だけど、そこを外注に回してしまったら、たぶんポストは残らないでしょう。現実問題としては、そこが一番ニーズとして大きい。大学によるかもしれないけども。

たとえば、ある大学の場合、院生がマジョリティで、その院生の中の圧倒的マジョリティは、日本語教育が不要な人たちです。そもそも、昔で言う留学生センターというのは、中曽根さんの一〇万人計画のときに、日本語未習（ゼロスタート）から日本語を勉強して、二年で大学院に入れて、それで専門分野を日本語で研

究して、学位をとって帰らせるという、そういう留学生を三〇人ぐらいに拡大して入れるという目的で作るというのが一応設置基準だったわけですね。だけど、そんな人は今はほとんどいないから、それでも留学生センターが残っているのは、交換留学生がたぶん一番のお客さんだからじゃないかと思うんです。大学によって事情は違うかもしれませんが。

有田◉有田さんはご自身のポストについて、テニュアではないとどこかで書かれていました。

牲川◉テニュアポストではないですけど、でも、大失敗しない限り七〇歳ぐらいまでいられると思うんです。

牲川◉関西学院大学でも定年まで更新可能なポストというのがあるので、それと同じですかね。

庵◉職階が上がらないポストですね。職階貼り付けの講師というのは、国立大学でも結構あります。

牲川◉グローバル人材育成関連の事業が始まったときには、任期付きの日本語教員の公募がいろんなところに出て、任期なしを探すのがすごく大変だったし、今も大変ですよね。滅多に出ないです。そのシビアなところに、どう存在意義を大学当局に示していくのかという点は。

庵◉それはいろんなやり方があってよいと思います。私が原稿に書いたものもこの内容でいいのかと言うと、なんとも言えないんですが。

有田◉私、庵さんの論考を読んで、まず、ディスカッション1に戻ってしまうんですけど、この「やさしい日本語」を一般の日本人に伝えていけるのは、絶対私たちだから、ここはいろんなふうにアプローチして、仕事を作っていかなきゃいけないし、それはすごく意義のあることなんじゃないかなというふうに思いました。

ただ一方で、テニュアポストを守ることはもちろん大切なんだけど、少し前まで、日本語の先生はそんなにたくさんいなくてもいいんじゃないか、というのはどこかで思っていました。だから、そのポストを守るということ自体に、確かに一橋大学の場合、大学院があって、私も含めてそこを出ていく人たちのポストがほしいわけですけども、社会に求められていないとしたら……。いや、自分でも矛盾していると思うんですが。

私、英語のパーマーの論文（有田、二〇〇九）の時に、戦前戦中期、英語が排斥される中で英語の先生たちが自分たちのポストを守るために、英語は敵性語だけど、英語を学ぶことで日本語や日本文化に対する理解が深まって、日本人としての自覚が高まるんだって、教養主義のようなことを言って、自分たちのポストを守っていったと、書いたんです。そこから考えると、それほど頑張って守らなければいけないのかなと。

庵◉その点は確かに有田さんのおっしゃるとおりで、それを言ったら、身も蓋もないと思って言わなかったんですけど、要するに、大学における日本語教師はおそらく供給過剰なんですよね、単純に言えば。日本語の使用人口はだいたいドイツ語やフランス語と一緒ぐらいです。全世界的に見て。九位ぐらいなんですよ（文部科学省、二〇〇六）。そうすると、理屈から言ったら、日本国内の大学で専任で日本語を教えている人の数というのは、フランスとかドイツの大学で専任で外国人にフランス語やドイツ語を教えている人のポスト数と同じぐらいでいいはずなんだけど、たぶん、日本語教師の数はそれよりかなり多いと思うんですよ。

英語だったらやっぱりそれで食っていこうと思って英語圏に留学している部分が多いと思います。でも、日本へは、日本語を身につけてという意味で留学しているわけじゃない。日本からドイツやフランスに留学する学生の数から考えても、日本語教師は大幅に供給過剰なんじゃないかという気はするんです。だから、ディスカッション1の有田さんの話のように、減って適正水準だというのは、そうだと言えばそうなんで、私もそれに別に反対じゃないんです。ただ、本当にその数になってしまったら、たぶん研究なんてできないだろう、学会なんて運営できないだろうと思うんです。そのポストがなくなったらですね。

牲川◉研究者がいなくなるってことですよね、要は。

庵◉研究者が研究者として、存立できないでしょう。日本語教育に関わる分野は、少なくとも学会をやるなんていうレベルとしては存立できないんじゃないでしょうか。

有田◉そうですね。私が聞いたケースだと、大学の専任の日本語教員が、週一〇コマ担当していると聞いたことがあります。そうすると、研究はなかなか難しいですね。

庵◉ポストの数が減ったらそうした流れにもっと拍車がかかるということです、日本全体で言えば。担当コマ数が一〇コマでも、まだ職があれば、研究費があり科研費の申請ができてとか、やろうと思えばできるというところがあるけど、そこも、非常勤だったら、科研費も応募できないし、大学によってはできる場合もありますが、普通は難しいですね。研究費もないし、研究できるような最低限の時間的な基盤もないという話になったら、研究は無理だろうと思うんですね。

英語教育の大学専任ポストは今後も必要とされ続けるのか

牲川◉英語教育の場合はどうですか。グローバル人材育成関係の予算を獲得すると、TOEFLなどの一定の点数を越える学生の目標人数が設定されます。それで、行政的な立場からは、TOEFLの点数を上げるための英語教育が必要だという意見が上がります。それに対し、現場の英語教育担当者は、アカデミック・イングリッシュの習得をめざすカリキュラムが必要で、TOEFLの点数を上げるためのカリキュラムは不要と応じたりします。庵さんの話からすると、大学当局が求めているものに対して、現場がどう応じるかということが問題になります。

寺沢◉日本語教育と英語教育はその点でわりと似た状況にありますね。どちらの場合も、大学のえらい人たちが「こういうふうに教えればいい」という素人考えを振りかざしがちな点です。大学には、北米帰りやイギリス帰りの人はたくさんいますから、英語学習に一家言ある人が多いのはわかります。一家言ある非専門家がたくさんいるというのが、英語教育と日本語教育双方が抱える問題でしょうか。これがフランス語教育とか中国語教育だと事情が違ってくるでしょう。フランス語教育の専門家に「こういう教え方が正しいんです」って言われたら、「ああ、そうなんですか」と引き下がるしかない気がします。

牲川◉「コミュニケーション中心」とか「実用」というのを言われると、実用としては英語が使える大学教員はいっぱいいるから、「向こうでやってたような英語教育を」という発想になるのか。

寺沢◉脱線ついでに。アカデミック・イングリッシュをめざしているのに、TOEFLのためじゃないっていうのはちょっと不思議な論法に感じました。TOEFLってアカデミック・イングリッシュじゃないですか。

牲川◉まあ、特定のテストのためではないと。留学とか、論文を読めるとか、アカデミックな議論ができるという力の養成をめざしているのであって、あの試験の点数を上げるためにはやってない。

寺沢◉なるほど。でも、単純に週に一桁台のコマで、英語力がそんなパッと上がるはずもないですよね。言語習得はコマを増やしたらすぐ点数に反映されるような、そんなに簡単なものじゃないですよという考え方が共有されないと、両者の溝を埋めるのは難しいでしょう。当局あるいはプログラムを作っている人が納得するかどうかはさておき。

牲川◉そうですよね。グローバル人材関係で予算がついていて教員を雇っている以上、目に見える数字で成果を出せという要望に対して、どう応じるか。英語教育は、大学のポストに関しては景気はいいですか。

寺沢◉そうですね。英語ポストは大学教員の中では一番競争率が低いものの一つじゃないでしょうか。他と比べてポストがとても多い。他の外国語に比べても、あと他の人文系のポスト――哲学とか歴史学とか――に比べても。修士課程を終わったくらいの人でもテニュアをとっちゃう人がいたり。もっとも、現職経験を買われてというパターンがほとんどだと思いますけど。自分は、半分社会学みたいなところでトレーニングしてきたので、そこの常識からするとちょっと信じられません。博士課程にも上がってない人が修士出てテニュアをとるというのは、日本語教育ではありますか。

牲川◉もう今はないです。留学生一〇万人計画で人手が急に必要という時期にはあったでしょうけど。

庵◉昔はあったかもしれないですけどね。二十数年前だったら。最近は絶対ないですよね。任期付きはゼロではないけど。

寺沢◉そういう意味でいうと、かなり恵まれているわけです。でも、逆に恵まれているからこそ、ポスト問題で一致団結するようなことはないですし、たぶん、当分ないんじゃないかなと思っています。で、今は確かに英語教育系はポストも潤沢だけど、あと一〇年したらどうなっているか……。ポストは残っているけれど、グローバルなんとか政策の影響で、多くはネイティブスピーカーに置き換えられるとか。あとは、雇用が完全に流動化して、語学は一段、一段どころか二段くらい低いポジションに置かれて、毎年契約更新するのが標準になるとか。杞憂だといいんですけど、今の新自由主義的な教育改革の流れ・大学改革の流れに悪い感じで乗ってしまったらあり得るかもしれない。けれど、今、幸せな時期なので誰も団結しない、する必要がない。この状況で、一〇年後にもしそういう改革が起きたら結構恐怖だなあと。そのときに団結できるようなプラットホームやインフラは英語教育界にはないですよ、一体どうするんですか、と。……という煽りです（笑）。

有田◉更新回数に制限のある英語教員はすでに出てきていますね。

牲川◉非常勤じゃ、なぜだめなんですかね。

寺沢◉それは、不思議ですよね。

牲川◉取り合いなんですかね、逃げないようにというか。まあ、英語の先生がちゃんといますという形を作らなきゃいけないんでしょうか。

寺沢◉だと、思います。

牲川◉ネイティブライクなとかコミュニカティブなというのがすごい重視されるから、海外経験があるって言えば、修士ぐらいでも全然いいみたいな、そういうのがあるのかな。

寺沢◉それはあると思いますね。ええ。バイリンガルの人が修士から大学非常勤をやってるという例もあります。

牲川◉英語教育は景気がいい、でも、一〇年後に流動化するというのは何か根拠がありますでしょうか。

寺沢◉根拠があるわけではないんですけど、今の大学改革の流れを見てると、そうなってもおかしくないかなと。語学教師を、大学の本体から、別組織に切り離す流れがあるじゃないですか。別組織どころか、大学によっては民間の英語教育業者に外注するところさえあります。

牲川◉そうしたやり方で、大学の認証評価に通るんですかね。

有田◉ヨーロッパの大学改革でも、言語教育の費用を大きく削減して、非常勤の先生だけにするとかアウトソーシングとか言語教師の階層を低くするとか、eラーニングや自律学習とともにそうした措置もとられたと言っている論考もありますね（Gerdes, 2006）。

牲川◉認証の評価基準も緩んでいるのかもしれないですね。

寺沢◉ああ、自由化で。

牲川◉では英語教育もいつまでも安泰とは限らない。修士課程修了者やバイリンガルということで教職についた場合に、それこそ専門性で、この人に任せておいても学生の英語力は上がらないという指摘はないんでしょうか。研究をほとんどしないかもしれない教員が、大学のポストに入っていって、評判が悪い。それで、そんなポストはいらないんじゃないか、非常勤でいいんじゃないかと切られていくことに、結果的にならないですか。教員バブルみたいなものがあったとしても。

寺沢◉そうなってると個人的には溜飲が下がるんですけどね。どうも、なっていない（笑）。学位とか業績の面で劣っていても就職できちゃう人は、意外と教育に熱い人が多くて、むしろ研究しない教員のほうが学生受けはよかったりとか（笑）。だから、「研究能力＝有用な人材」を客観的に示そうとすると、地獄になるんじゃないですか。

牲川◉そうですか。いや、専門性をどこに置くかっていうのはすごい難しいですよね。専門的でありすぎれば研究者寄りになり、学生の面倒見が悪いとか言われたり、近寄りがたいとか。

寺沢◉今の雇用流動化も、プロフェッサーではなくインストラクターとして雇っているのなら研究費をつけないみたいな形になっているじゃないですか。そうすると、ますます教育だけに熱い人がそのポストについていって。

牲川◉雇う側も、そのほうがいいってことですね。どうなんでしょう。

庵◉日本の中には、研究だけやっていくっていうようなポストがないですよね、全く。

牲川◉ないです。

庵◉ものすごく数は少ないけど、教育じゃなくて研究だけっていうのは、たぶん、欧米とか香港とか、そういうとこだったらあり得ると思うんですよ。それがある意味で、その分野をコアで残していくっていうことだと思うんですけど、日本の場合はそういうわけでもない。理系だったり、文系でも、人文系じゃなくて大きい分野のところは、もともと守られているから違うかもしれませんが。人文系はそういう意味で、なくてもいいんじゃないかというのがもともとあるから。

「やさしい日本語」は日本語教師の専門性を高めるのか低めるのか

庵◉だから、私の提案もこうやったら生き残れると言ってるわけじゃなくて、ただ少なくとも今までと同じやり方でやっていたのではだめではないかということです。日本語というのは、特に非漢字圏の外国人から見れば、そんな簡単に習得できないだろうというふうに思われていると思うんですよ、漢字のことだけとっても。だから、交換留学でもそうですけど、仮にもうちょっと踏み込んで日本に留学しようって考えるときに、日本語を一からやるというのに尻込みする部分が、たぶんかなりあると思うんです。

英語圏で世界で難しい言語って何かと聞くと、日本語と中国語が一位、二位になって、後アラビア語などになる（The Foreign Service Institute, 2017）。一位と二位が中国語と日本語だっていうのは変わらないみたいで、その原因は明らかに漢字ですね。それはイメージの問題だとしても、やりにくいと思っているから、そこの敷居を下げるだけでも少しは違うはずで、というより、それくらいしか、やりようがないということですね。外的要因が多すぎるから、私の提案でそんな簡単に生き延びられるとも思えないですけど、論文で書いたようなことを考えて売り込むなら、まだ可能性はあるんじゃないかっていうことですね。

だから、今回は文法だけ見ましたけど、漢字もやっぱり大きな問題で、漢字の教え方を変えるというのを、セットにしないとだめだろうなとは思うんです。漢字をどう教えるというか、どういう順番で提示するかといったことですね。ある程度のところまで行くのに時間がかからないようにするというふうに考えないとだめだろうということです。日本語は難しいというか面倒くさいと思っている相手（留学生）に、最初からたくさんの量を示して、これだけやらなきゃだめですよと言うと、さらに日本語を（本気で）学ぶ気持ちがなくなってしまって、そもそも日本に来なくなったり、日本語学習が進まなくなるということになる。そこをなんとかすれば、もう少しましになるんじゃないかというぐらいしか、言えないとは思うんですよ。私の話自体はですね。

牲川◉「やさしい日本語」ということで戻すと、有田さんがメールで少し書かれていたこととしては、「やさしい日本語」でいいんだというふうになると、日本語教師の専門性には逆効果で、かつ、日本語学習者に「やさしい日本語」しか話せない人、もっとすごくできる人という階層化を生むんじゃないかという批判もあるようです。

庵◉今、私が個人的に考えたり、講演などで話したりしている「やさしい日本語」の中心は、むしろ、日本語の表現を不必要に難しくしないという話です。要するに、相手に通じるように話しましょうとか、書きましょうとか、日本語のネイティブがどういうふうに日本語を使うべきかといったことが、私自身が今最も重視しているところです。

ただ、外国人が日本に入ってきたときの手当てとして、共通言語を構築するために研究する部分は必要で、そこから「やさしい日本語」の研究が始まったので、（批判を含めて）フォーカスされているんですけど、実際は、子どもの問題にしても、日本人と競争できるようになるためには、日本人の高校生が理解したり使ったりする日本語と同じレベルになれないと勝負にならない。だから、子どもが習得しなければいけないのは、「普通の日本語」なんですね。

しかし、そこへいく過程は、当然、ステップをとばさないと無理です。競争として考えたとすると、日本人の子どもは一〇〇メートル走の五〇メートルから走るけど、外国籍の子どもはスタートから走って、かつ、ゴールはだいたい同時ぐらいに着かなければならないから、途中ちょっと自転車で走ってみたりということを入れないと追いつけるはずがないし、追いつけなかったら、結局は、就職などで何を選ぶかというところの部分で圧倒的に差がついてしまう。その結果、そういう階層が社会的に囲い込まれるということになるから、それはだめだろうということです。だからそのときに必要なのがバイパスの話であって、日本語を意図的に易しくして日本人が使うっていう部分は、実は、もちろん必要だし存在するんですけど、そこは「やさしい日本語」の必ずしも最も重要な対象じゃないと思うんですよ。日本社会全体として考えたら、「やさしい日本語」において最も重要なのは、外国籍の子どもが日本人の子どもに追いつくための日本語教育の部分だと思うんです。

ですが、マジョリティの日本人が「やさしい日本語」に関心を持つとか、自分のことだと考えない限り、「やさしい日本語」は普及しないわけで、そのためにはマジョリティにとって、「やさしい日本語」を使うということがどういう意味があるかということも重要になってきます。そうすると、マジョリティは、自分たちの日本語表現にとってそういうやり方を取り入れたほうが得になるということ（インセンティブ）がない限り動かないし、マジョリティが動かなかったら、結局は何も変わらないということですね。だから、マジョリティへの働きかけ方、つまり、日本人が日本語を使うときの問題としての「やさしい日本語」ということを考えないわけにはいかないんです。

日本人に「やさしい日本語」の意義を伝えるには

牲川◉そこは、ツーリズムの「やさしい日本語」にも関係してくる部分かと思います。メールでも書いたのですが、企業も関わって、ツーリズムの場では「やさしい日本語」で外国人と交流できると。そういう流れは、存在価値が広がっていくという意味では意義があるとお考えでしょうか。

庵◉今、普通に言っている「やさしい日本語」というのは、そのまま外国人に使えるというベースですが、もう一つ必要なのは、これはこれからやろうと思っていることなんですけど、法廷通訳や医療通訳などに関係していることです。元のオリジナルの法律の文章とかやりとりとか、あるいは、医療のことばとか説明の内容とか、そういうものをまず普通の日本人がわかるレベルに落として、それから翻訳するということが必要です。

たとえば、企業が外国人向けにオペレーションを出すときのマニュアルなども、まず日本人が読んでわからないレベルでは、外国人だと全くわからない。日本人でも医療とか法律なんかは特にわからない。それをある程度簡単なレベル、日本人だったらわかるというレベルに落とさないといけない。これはかなり重要かつ深刻な問題だということです。

これはもう三年前ですが、そういう関係のシンポジウムに呼ばれたことがあります（「多言語社会を迎えてことばの壁とどう向き合うか――留学生が事件・事故に遭遇したとき――」、二〇一五年一一月、徳山大学）。そのときのテーマの一つが、留学生が警察沙汰に巻き込まれたときに、留学生の人権をことばの観点からどうやって守るかということで、そのときに、捜査や裁判のときのことばがどういうふうに訳されているのかということの担保がしづらいという話がありました。もちろん、実際は、そんなに単純な話ではなく、国によってどの部分を罪と認めるかという部分があるから単純ではないけれども、少なくとも、原文の意味がちゃんと理解されないまま翻訳されるっていうことは十分あり得るので、それを避けるためにも、そういう難解な文書を中間的なレベルに落とすという部分も「やさしい日本語」に当たるということです。

つまり、その中間的な部分は、少なくとも初級の外国人がわかる必要はない。けれども、訳すためには、法律的な日本語のレベルを一般の日本人がわかるレベルに落とさないと、訳せる人がいないということですね。自動翻訳が実用に耐えるレベルなら、別に元の日本語のままでもいいかもしれないけど、そうではない以上、難解な原文と、外国人の母語に訳される文の中間段階が必要です。原文を直接訳すのだと、訳す人の日本語のレベルが相当高くないといけなくなるけど、中間段階の日本語ならそこまで日本語レベルが高くない人でも正確に訳せるっていうこともあるわけです。もちろん、内容に関する点があるから必ずしもそこまで単純な話ではないですけれども。公的文書の場合は、不必要に難しい部分をそうでない段階に落とすということです。

今年の日本言語政策学会のシンポジウムでも話したんですけど（庵、二〇一八d）、結局重要なのは、日本語表現の中の不必要な難しさを排除したものを、日本語を使う人のリンガフランカ的みたいなものと考える。つまり、外国人が使うとか日本人が使うとかに関係なく、日本語を、いわば今の国際英語としての英語というのと同じようなものに位置付けていく。そういうことが可能じゃないか、そういうことをめざさないといけないいんじゃないかということですね。

ただ、この話の出発点は日本人側が外国人がわかるように日本語を言い換えなければいけないというところから始まっているわけで、日本人側が日本語がまだ不十分な外国人に対して自分の日本語を相手がわかるレベルの日本語に訳さなければいけないというその点の必要性は、ずっと変わらないから、それはそれで「やさしい日本語」のメインの取り組みの一つではあり続けます。しかし、「やさしい日本語」というのはそうしたマイノリティのためのものだけではなく、マジョリティである日本人にとって重要であるということです。

「やさしい日本語」に関して、マジョリティに訴えてマジョリティを動かさなければいけないのは、わかりにくい日本語の言い方、漢語を使ったりカタカナ語を使ったり、要するに、自分が何をそのことばで指しているのかすらよくわからないようなことばを使ったほうがなんとなく格好いいと思うような、今の日本語表現自体を根本的に見直すという点においてです。今のやろうとしているのは、そういうことをやっていって、その結果できてくるものをリンガフランカ的に位置付けるべきじゃないかという話ですね。だから、そういう部分は、むしろマジョリティに向けてやっていくべきことで、有田さんの話から言うと、留学生だけの話ではなくてむしろ日本人に向けてやるという話になります。一橋でも二〇一八年の後期に、太田陽子さん、栁田直美さんと三人で担当する講義で「やさしい日本語」の話をしていますが、私の講義では、今のような、日本人に、マジョリティにとってどういう意味を持っているかという話をしています。

有田◉とても賛成なんです。「健康保険高額医療費について」とかいう市役所のお知らせの難しげなタイトルがあって、それをたとえばうちの母親とか見たって「何これ」みたいな感じでポンッて捨ててしまいそうだけれど、でも、「入院費が安くなる制度について」って大きく書いてあったら、見ますよね。そういう操作というのは、外国人のためだけじゃなくて私たち日本人にとってとても必要だよねっていうことを、効果的にマジョリティに伝えていかないといけないととても思うんですね。それは私たち日本語教師にできるところかなと思います。そして、そうした「やさしい日本語」をはじめとして、外国の人とどういうふうにコミュニケートしていっしょに働いていくかというところは、日本語を教えている私たちは自然に習得していて、それはきっと多くの人たちに伝えられると思うんです。

「やさしい日本語」は日本語を壊すのか

牲川◉今の話に関連して、日本語全体をリンガフランカ的にしていくときに自動翻訳の話がさっきちょっと出ましたけど、あるワークショップ（「言語の壁がなくなったら――機械翻訳と未来社会――」、二〇一七年一月、上智大学）の議論の中で、AIを使った翻訳というのは日本語を貧しくする可能性があるという意見が出ていました。AIに翻訳してもらいやすいように日本語を易しく単純化すると、それは日本語の文化を廃れさせるという。同じような批判は「やさしい日本語」に対しても起こりえるかもしれません。それから、このワークショップでは、法廷文書や特許の文書のようにいかにも難しそうな文章のほうが対訳の蓄積が進んでいて、AIに翻訳させやすいという話も聞きました。

庵◉最初の点はよく言われるんですね。要するに、日本語自体の価値を減ずるというか、そういう話はあって。確かに文学とかそういうものは、表現自体に価値があるから、それはそれでいいかもしれません。ただ、これは、この間の日本言語政策学会のシンポジウムでも引用したんですけど（庵、二〇一八d）、田中克彦さんが、かれこれ三〇年ぐらい前に書いた「かわいい日本語には旅をさせよ」っていう文章があって（田中、一九八九）、それは、梅棹忠夫さんなどの話を受けてなんですけど、外国人が日本語を使うようになると、「すごい日本語」になる。梅棹さんの言い方だと「おぞましい日本語」になるという話があるんですが、それを許容すべきだという議論なんですね。田中さんの議論は、そもそも、外国人の日本語が日本語に悪影響を与えるということを言うのは、実は、そうした日本語を怖がっているんだ。なぜ怖がるのかというと、それは、外国人は言いたいことがあって、それを日本語の表現はある意味でつたないかもしれないけど、それをなんとか日本語で言おうとしているから、日本語でまともに言いたいことがない連中は、そういう外国人に中身において勝てない。だから、その弱みを隠すために、それをブロックするための方便として、「日本語の美」だとかそういうことを言うんだということなんですね。

私もそうだと思うんですよ。中身が問題で、だから、英語教育についても、まずは、日本語で話す内容がなければ、英語で話せるわけはないと思うので、本当は英語教育の動きは国語教育（母語としての日本語の教育）と連動して進めなきゃ意味がないと思うんですけど、そうはならない。

日本語に関しても、何を言いたいかがまずは問題なんであって、それをどう言うかというときに不必要な飾りをつけることがいいわけじゃない。だけど、今はそういうことに関する意識が全然ないから、中身はわからないんだけど固いことばが使われていたり、カタカナ語が入っていたりすると、そっちのほうが教養があるかのように見える。そういうことをまずやめて、言語行動の規範として、たとえば、自分が手書きできない漢字は使わないとか、自分が元の言語の、だいたい英語でしょうけど、英語の意味と本当に合っているかが確かめられないカタカナ語は使わないとかいうことを自分に課してみるということですね。そういうようなことをやるだけでも、かなり違うと思うんですよ。

そして、これは別のところに書いたんですけど（庵、二〇一三b）、「日本語は論理的じゃない」という議論があるんですけど、そんなことは全然なくて、日本語自体は論理的な思考に十分適しているわけです。これは言語学的にはたぶん簡単に証明できる。だけど、それと日本人が使っている日本語が論理的であることとは全く別の問題です。むしろ、日本人は、日本語は論理的ではないというのを言うと、そうだ、というか、やっぱりそうなんだというふうに言ってしまう。論理的でないっていうことにむしろ良さを見出しているということですね。

文学はともかくとして、普通の言語生活を送るときに、自分の国のことばで話すときに、論理的でないほうがいいとか、あいまいなほうがいいなんていうことはナンセンスで、そうじゃないことのほうに価値を見出すべきではないか。これは、別に外国人と話すということを除いたとしても、日本人同士が話すときだってそうで、だから通じないんだということだってあるはずです。「やさしい日本語」をリンガフランカにするという考え方は、そういうことにつながるというか、むしろそういうことが目的だということなんですね。

それから、AIで翻訳できるというのは、法廷の場合はそうであるかもしれないですけど、医療の場合、どういうふうに患者に伝えるかというときの言い換えは、そのまま英語で言えばいいというものでは、たぶん、ないですよね。それに、さきほどの有田さんの話にもあるように、単純に翻訳できるかどうかだけではなく、特に医者と患者の会話の場合は、日本人の患者にどう話すかということに直結するので、そのときに、相手がわかる範囲にどうやって落とすかみたいな話は、医者に当然求められるスキルであるはずなんです。ガンの告知ということを考えたら、そうしたスキルを持っていない人がそんなことをやるのは極めて危険で、テクニカルな単語を振りかざして、「あなたの病巣は××で」とか言われたって、何がなんだかわからないまま告知されちゃうことになってしまうわけです。そういうことじゃなくて、相手にわかる内容で伝えるということの必要性を医者のほうに働きかけていかなきゃいけない。医者のほうにも、そもそもどういう言い方をしたらやさしくなるかというか、普通の人にわかるようになるかということがわからないからできない、という部分が多分にあるので、「わかりやすさ」をまず言語的に担保して、それを医者のほうにフィードバックするということも必要だと思うんです。

マジョリティは「やさしい日本語」を使おうとするのか

牲川◉有田さんもさきほどおっしゃっていた、「やさしい日本語」とか、柳田直美さんがされているような接触場面の研究の成果というのは、母語話者とか日本人が「やさしい日本語」を学び使うということ、そこに日本語教育が関わっていくということだと理解しています。けれども、「やさしい日本語」を使おうという意志を生み出すところに関しては、たとえば、医者と患者なら、対価を受け取る側と支払う側として、医者にそうした意志が生まれる余地はある。でも、医者が自分は偉いという意識が強くて、別に患者に説明する必要はないと思っていれば絶対直さないでしょう。それは庵さんのご著書（庵、二〇一六ｂ）にも、自然のままでは外国人と日本人の間に共通言語は作られないという記述がありますけども。

たくさんの外国人が来たときに、その人たちに対してポジティブな気持ちを持たない限り、「やさしい日本語」があっても学ぼうとはしないし、使おうともしないですよね。そこは、最近の接触場面研究の成果にちょっと不満というか、方略は示されたけどそれを学ぶかな、という疑問があります（この点については、牲川（二〇一八）参照）。

庵◉そこが、私も「やさしい日本語」研究の今一番の課題だと思っています。私は年に一〇回以上、講演などで「やさしい日本語」に関する話をするわけですね。呼ばれて行って話すわけですけど、そういうところには、「やさしい日本語」を許容するようなマインドを持った人たちが集まっているんですね。だけど、そういうマインドを持っている人というのは、たぶん圧倒的少数派なんですよ、現時点では。そして、多数派で積極的に反対という人は少ない。「やさしい日本語」みたいなことはやるべきでないという人は少なくて、マジョリティの大多数は、関心がない。だから、反対する人はそんな多くないから、こちらから変えようと働きかけなくてもいいんだけど、関心のない人にどうやって働きかけるかということは必要です。

そのためには、多数派にとっていいことは何かということを言わないと、広がらない。多数派にとっても、日本語を論理立てて話す上で、わかりにくいことばや言い方を取っ払って話したり書いたりすることが、役に立つ。特に、それを外国人相手に、ロールプレイとかでやってみると、それこそ実際に近い、オーセンティックな（真正な）場面になる。「内容重視」じゃないですけど、そういうロールプレイを通して、日本語を相手にわかるように使うことで相手に通じた、あるいは、それがうまくいかなくて通じなかったという経験をすることができる。

そういう経験をすることは日本人同士では難しい。日本人同士でその手のことをやっても、よっぽど込み入ったことなら別として、通じない経験は、たぶんできないと思います。しかし、外国人相手ならそういうことは十分可能なので、通じないときに、じゃあ、どうやって通じさせるかと思ってやることが、日本人にとって、自分自身の日本語運用能力を高めることにつながるということがあると思います。こういう形で、マジョリティの日本人にとって「やさしい日本語」がどういう意味を持つのかを位置付けない限り、たぶん「やさしい日本語」の理念は広がらないので、そのためにどうするかが重要なんです。

有田◉日本人同士でも通じない場面というのは、結構いっぱいあると思うんですよね。そういう場面を集めてプレゼンテーションしていくと、「あ、そうだよね」っていうのは結構気づいてもらいやすいかなと思っています。この間、叔母が入院していたとき、看護師さんに「睡眠薬ください」って言ったら、「あ、昨日も求薬なさいましたか?」って看護師さんが言って（笑）。「求薬なさいましたか」って、私もわかりませんでした。ナースステーションで使っていることばをそのまま患者に言ってしまう。だから、そんなところだけでも結構いっぱいあるような気がします。それを集めてみんなに、これわかりませんよねと言っていくのは、私たちにできるかなと思います。

それから外国人に対して「やさしい日本語」を使おうと広めていくことも、それは今、チャンスかなと思います。留学生とか外国人住民とか周りにいないし自分とは全然関係ないと思っている人たちも、二〇二〇年オリンピック・パラリンピックが契機になって少し変わる可能性があるのではないかと思うんですね。外国人選手や観光客が近くに大勢来たら、なんとなくコミュニケーションできたら楽しそうだなあって思うような人たちも、「あ、なんだ、じゃ、いいんだ、英語じゃなくて。『やさしい日本語』、これでいいんだ」というようになる可能性があるんじゃないかと。また、入管法改正の是非はともかく、今後ますます「外国人材」が増えてくるという流れは現実的に止まらないだろうし、職場や学校や地域社会の身近なところで外国人と接するとき、ああ、こういうふうにしないと伝わらないんだなっていうのが、今、特に二〇二〇年の「節目」を控えて、それを伝えるためのすごくいいチャンスのときなのかなと思います。上手にアプローチしていけたらいいと思うんですけど。

牲川◉その流れからいうと、ツーリズムに「やさしい日本語」を導入して、日本にやってくる外国人に「やさしい日本語」で話せばいい、それを普及しましょうというのが、だんだん広まってきています。そうすると、日本に来る外国人と会話するという意味では英語は必要がないっていう議論にもつながっていくと思うんですね。インバウンドが増える、オリンピックがある、英語を盛り上げようという話が一時ありましたけど、今、電通も「やさしい日本語」に着目していることからみると（電通、二〇一六）、英語を勉強しなくてもいいということになり、「やさしい日本語」の普及と英語教育はポリティクス的に対立する部分かと私は思います。そこにアピールがいくと、英語の市場が狭まる可能性があるのではないかとも。

有田◉でも、英語は英語で、やっぱり大切だとは思うけれど。

AI時代に日本語学習者を確保するには

庵◉日本語と英語のことで言うと、日本語を学ぶということでは、とりあえず道を聞くとか、そういうレベルはもう必要ないと思うんですよ。それはもう機械でやっちゃえばいいわけで。それは何語だって同じことだと思うんですよね。たとえば、中国語はしばらくはそんなことはしなくてもいいかもしれないけど、それは中国語をやったら儲かるというのがあるからです。日本語はすでにそういう意味の商品価値が落ちているから、ＡＩが出てきたらという話が出てくるわけです。会社なんかで使えるような日本語を自動翻訳できるようになるようなことは、たぶんそれほど簡単にできないと思うので、込み入った話とかね。そうすると、日本語をやらなきゃしょうがないと。だけど、そういう形で学習者が日本語を勉強するかどうかは結局、日本の経済力の問題で、それがたぶんこれからも下がっていく以上、そういうようなニーズはたぶん今後増えることはないし、少なくとも、そうしたニーズは日本語教育側で作り出せない。そういう意味で、日本語を習得してその先にさらにどうのこうのということを想定していない学習者が、日本語教育に入ってこなくなるのは当然で、それは他の第二外国語教育だったら、もっとシビアにそういう結果になるでしょう。

中国語と英語以外の言語はたぶんどこの言語だってそうなるでしょうけど、その中で生き残るとしたら、より踏み込んだ内容をその言語で学ぶことに意義を見出す人がいる場合であって、日本語教育にできることは、そういう場合に学びやすさをでアピールすることとぐらいしかないんじゃないかというのが私の論文の主旨です。潜在需要は絶対に増やせないというか、最終的なレベルまで行くという人を増やすことはできないだろうけど、ただ、少なくとも、日本語をやってみてもいいかなと思う人がある程度いれば、そういう人を最後まで引っ張ることも可能になる。日本にちょっと留学に来て日本語を学ぼう、日本語に少し興味はある、そういう層にうまくアプローチできてないことが、今の日本語教育の問題なんじゃないかと思うんです。

対訳の本を見せて日本語でこうですね、といった形で通じればいいというレベルの人は、何も日本語をわざわざ勉強しなくてもいいので、そういう層を日本語学習のマーケットだと想定したら、ＡＩの出現でそういう層は大幅に減るけれど、そうではなくて、基本的に、ある程度きっちり日本語をやるという層だけをターゲットだとすれば、それはそんなに減らない、減らないというか一定数はあるはずです。重要なのは、そういう層を確実に捕まえられるか、あるいは、日本に短期留学で来た層を、もうちょっとディープなお客さんに作り変えられるかというところです。

それで私の第2章で言うと、日本語教育の方法をいじることによって、そういう層に興味を持たせる。興味さえ持てば、それこそ今は自分でどんどん勉強できるので、そういう形で興味を持たせられれば、もっとコアのお客さん（学習者）が増えて、長期の留学生として日本に来る層なんかが増えてくる可能性がある。そうすれば、日本の大学の日本語教育機関の潜在需要は増える。海外の日本語教育でうまく回ってないところについても、教材などを作って日本語学習に取り込み、今まで日本に来なかった層が日本に本気で来るようになれば、状況は今とは全く違ってくる。だから、新たに需要を作るというよりは、今まで逃がしていた層を逃がさないようにするということが、マーケットを拡大するポイントじゃないかと思うんです。そして、そういうふうになれば、結果的に、ポストを守れる可能性が今よりは高くなるんじゃないかというのが私が言いたかった、というか書きたかったことなんです。それがテニュアのポストになるかどうかは学内的な問題ですけど、少なくとも、大学で日本語教育を専任で教えるポストをなくさないほうが得だというふうに思わせられるのではないかということですね。

第3章　ポリティクスの研究で考慮すべきこと
——複合的合理性・実態調査・有効性

寺沢　拓敬

本稿では、言語現象におけるポリティクスを研究する上で有用な三つの理論的・方法論的観点を提示します。三つの観点とは、（一）複合的な合理性、（二）「実態」を明らかにすることの困難さ、そして（三）有効性・因果モデルです。この点について、英語教育政策の研究を例にしながら論じます。先行研究では、上記の観点が満足に考慮されてきておらず、そのため質の低下を招いていました。こうした問題点を把握することで、よりよいポリティクスの研究をいかに構築していけばよいか論じます。

キーワード　ポリティクス、認識論、政策研究、方法論、英語教育筆者は、これまで英語を主たる対象として、言語をめぐる政策およびポリティクスの研究を行ってきました。その経験をもとに、言語現象をめぐるポリティクスをどう分析的に理解すればよいか論じたいと思います。

周知のとおり、この種のテーマを扱う分野は言語政策研究（language policy study）と呼ばれます。「言語政策」と聞くと、政治学・政策学の下位領域のように見えますが、実際には言語学の影響が強く、社会言語学 and/or 応用言語学の一領域と見なされるのが一般的です。こうした事情が影響しているからでしょうか、言語政策研究に政治学・政策学への目配りが乏しいと思える場面が多々あります。たとえば、数年前に、『言語政策・言語計画リサーチメソッド実践ガイド』（原題 *Research Methods in Language Policy and Planning: A Practical Guide.* By F. Hult & D. Johnson. Wiley-Blackwell（eds.）, 2015）という本が出版されました。タイトルが示すとおり、言語政策研究の様々な方法を解説している本です。全一九章もあり、それだけ多種多様なメソッド・アプローチが解説されているわけですが、その中身には結構な偏りがあります。それは、いろいろな言語学的・社会言語学的手法が詳述されている一方で、社会科学における主流のアプローチのいくつかは全く紹介されていない点です。たとえば、公共政策研究でのコアとも言える政府の行財政機能や政策過程について詳しく論じている人はほとんどいません。また、政策科学（political science）の王道である政策の効果検証に関してもほとんど言及がありませんし、伝統的に政治学の主流であった歴史学的研究（史資料をもとにした分析）も全く触れられていません。もっとも、社会科学的なアプローチに対してはある程度目配りはありますが（一応、言語政策は学際領域ですから）、多いのはイデオロギー分析などのマクロレベルの分析か、相互行為に焦点化したミクロレベルの分析です。つまり、政治的アクターの具体的な作用に関するメゾレベルの分析は手薄なのです。

こうした状況は、英語圏の言語政策研究だけでなく、日本における英語教育政策の研究でも同様です。正確に言えば、もっと深刻な状況です。日本の英語教育学において、政策に関する研究はかなり周辺的な位置に追いやられており、それが災いして実際かなり遅れています。

日本の英語教育学は制度上、言語系講座（例、英語英文科）や教科教育系講座（例、教員養成学部の上にある大学院）に起源を持つことが多く、したがって、言語学や第二言語習得論、教育方法論の影響を大きく受けてきたため、社会科学的なディシプリンとは必ずしも縁が深くありません。こうした事情があり、現在までの英語教育政策に関する研究は、英語学や英文学、英語指導法研究からの「参入組」が支えてきました。一方で、教育政策についてトレーニングを積んだ教育学者（あるいは教育政策学者・教育経済学者・教育社会学者）が、数多ある選択肢から英語教育を研究対象に選ぶことはほとんどありませんでした。つまり、英語教育政策は、伝統的に、政策研究の非専門家――これが言い過ぎであれば、「政策研究を独学で学んだ人たち」と言い換えても良いでしょう――が研究してきたわけです。

この結果、現在の日本の英語教育政策研究は、残念ながら決して質が高くありません。きわめて素朴なデザインの研究（例、「外国でちょっと授業参観をしてきました！」というだけの研究）や、政治的な過程・財政的な状況を全く検討していない研究（例、主要な英語教育政策を表面的に並べて、感想を述べて終わり）など、政策研究として大きな問題をはらんでいるものも多いです。

本稿では、英語教育政策研究が抱える問題点を反面教師として、妥当性の高いポリティクス／政策の研究はいかなるものか論じていきたいと思います。もっとも、この問題点は英語教育学だけに限定されるものではありません。日本語教育やその他の外国語教育、あるいは言語政策・言語計画を含む、言語研究全般に関わる問題だと考えます。したがって、以下より、とくに限定する必要がある場合以外は、言語教育研究という語を用いたいと思います。

具体的には、次の三つの問題点を俎上に載せます。第一に、複層的な合理性に対する配慮が乏しい点。第二に、頻繁に行われている実態調査と称するものの問題点、つまり、「実態」概念に対する認識論的議論の欠如。第三に、当該政策の有効性が（政策を検討しているにもかかわらず！）論じられていない点。以下、順番に検討していきます。

一　複層的な合理性

まず、政策研究における複層的な合理性の重要性について考えます。「複層的な合理性」とは、合理性は単一ではなく、アクターによって異なる合理性があり、それらはしばしば対立するという考え方です。言語教育研究に浸透している気配はあまりありませんが、政治学や公共政策学においてはごく常識的な認識枠組みです（cf. 北山俊哉・久米郁男・真渕勝（二〇一〇）『はじめて出会う政治学』有斐閣）。政策研究においてこの考え方が重要なのは、各アクターの合理性を前提にしたほうが、実際のポリティクスの過程・メカニズムをよりよく説明できるからです。つまり、異なるアクターは異なる合理性を持っていて、それらは各人にとっては正しい判断の結果だと考えたほうが、実際のポリティクスの状況に近いのです。

従来の英語教育政策研究には、単一の非合理的アクターを恣意的に仮定して、そこから演繹的に政策の問題点を論じるものがしばしばありました。たとえば、「文科省は愚かだ」「財界は学校教育を軽視している」「現場の教員は言語習得メカニズムに無理解だ」という決めつけのもと、そういった非合理的なアクターを取り除けば、教育は良くなるという推論です。しかしながら、このような単一悪玉論は、実際の社会制度や組織、あるいは政治の仕組みと明らかに異なる場合が多いのです。周囲を見渡してみれば、完全に非合理的な人々が寄り集まった集団など滅多にないはずです。むしろ社会を構成するアクターはかなりの程度合理的（そして時々非合理的）と考えるほうが自然です。たとえば文科省の何々部局にはその組織固有の合理性があって、その合理性が別のアクター、つまり、別の部局や別の省庁、地方教育委員会、首長、教育現場、そして研究者などの諸アクターとぶつかり合った結果として、マクロな構造ができあがっていると理解すべきでしょう。

この点を、規範的命題として述べると次のようになるでしょう。つまり、非合理的に見える他者にも合理性があると同時に、自身の合理性も他者から見たら非合理的に見える可能性がある、この事実を受け入れたうえで、政策・ポリティクスを分析すべきだ、と。ただし、これは道徳的スローガンの類ではなく、あくまで事実認識に関わる議論だという点が重要です。つまり、「みんな互いの立場を尊重し合いましょう」という徳目を説いているわけではなく、ミクロの次元でみなが合理的だったとしてもマクロ的には非合理的な帰結が生まれてしまうという認識枠組みの話です。ミクロの合理性が集まるとマクロ的には非合理的になることは社会現象にはしばしばあり、「合成の誤謬」あるいは「合成のパラドクス」と呼ばれています。

小学校英語政策

この合成のパラドクスを小学校英語教育政策を事例に論じます。小学校英語——制度上はあくまで「外国語」に関する科目ですが、対象言語は事実上、英語のみです——は、二〇一八年現在、小学校五・六年を対象にした「外国語活動」として必修化されています。そして、二〇二〇年度から施行される新学習指導要領で、小学校五・六年の英語学習は教科化されることが決まっています。また、外国語活動は小学校三・四年に早期化されます。

筆者は、『これからの英語教育の話をしよう』（藤原康弘・仲潔との共著。二〇一七、ひつじ書房）で論じたとおり、この改革が教育現場をきわめて過酷な状況に導くのではないかと危惧しています。なぜなら、小学校教員の一層の多忙化を招き、すでに多数存在する過労死線上の教員をさらに増やす危険性をはらんでいるからです。二〇二〇年度から教科化・早期化される小学校英語では、主として学級担任が担当することになっています。つまり、今まで英語を教えてこなかった学級担任に研修を施し、新たに英語指導にも対応させるわけです。ここで重大な問題が、この研修は既存の業務に上乗せする形で行われるという点です。つまり、英語指導のための研修の分だけ他の業務の負担を軽減・免除するわけではないのです。研修・自己研鑽に集中するための時間が確保されているわけでもなければ、専科教員を新たに雇うような予算を確保しているわけでもなく、学級担任への負担・自己犠牲を陰に陽に強要しているのです。要するに、限られたリソースのまま、新たなカリキュラムへの対応を小学校教員に求めているということです。残念ながらマスメディアではあまり報道されていませんが、きわめて深刻な労働問題に発展する危険性を秘めています。

このような惨状を前に、従来の英語教育政策の研究者（とくに反権力志向の研究者）は、しばしば、「唯一の悪玉」を想定します。たとえば、文科省が小学校教員を意のままに操ろうとしている、財界は教育をどうでもいいと思っている、教育企業がビジネスチャンスのために煽っている等々。このような説明は、たとえこの問題に馴染みのない人であっても、単純化し過ぎと思うのではないでしょうか。複層的な合理性という観点から、もう少し丁寧に読み解いてみましょう。

図1は、小学校英語をめぐる不合理的な状況が、各アクターの合理性の「合成のパラドクス」によってできあがっていることを図示したものです。以下、下部のアクターから上部のアクターに順番に説明していきます。

一番下に、まさに今、限られたリソースで対応を迫られている小学校教育現場——とくに学級担任——があります。その上の支援者・研究者といったアクターは、この厳しい状況を痛いほど理解しています。その時、善意の（かつ有能な）研究者や支援者や教育企業は、限られたリソースでも対応可能な方策を考え提案します――たとえば、「この教材・メソッド・プログラムを使えば、英語力や指導に自信がなくても、なんとか対応できますよ。安心してください」というように。

　こうした支援の輪が広がっていくにつれて、徐々にうまくいく実践が現れ始めます。すると、その上の文科省はこの成功事例に注目し、全国に広めようとします。良い教育実践をシェアすることはもちろん教育行政の合理性の根幹です。しかし、問題なのは、この事実が、予算をつけなくても対応可能である証拠として利用されてしまうことです。

　その上の財務省は、教育問題ではしばしば悪玉にされがちですが、一般論としては教育の重要性を理解しています。しかし、その他の懸案事項、たとえば景気対策や産業政策、金融政策、労働問題に医療・福祉などとのバランスで教育の重要性を判断しています。ですから、教育を何よりも増して最重要事項と見なしがちな教育関係者とは相当の温度差があり

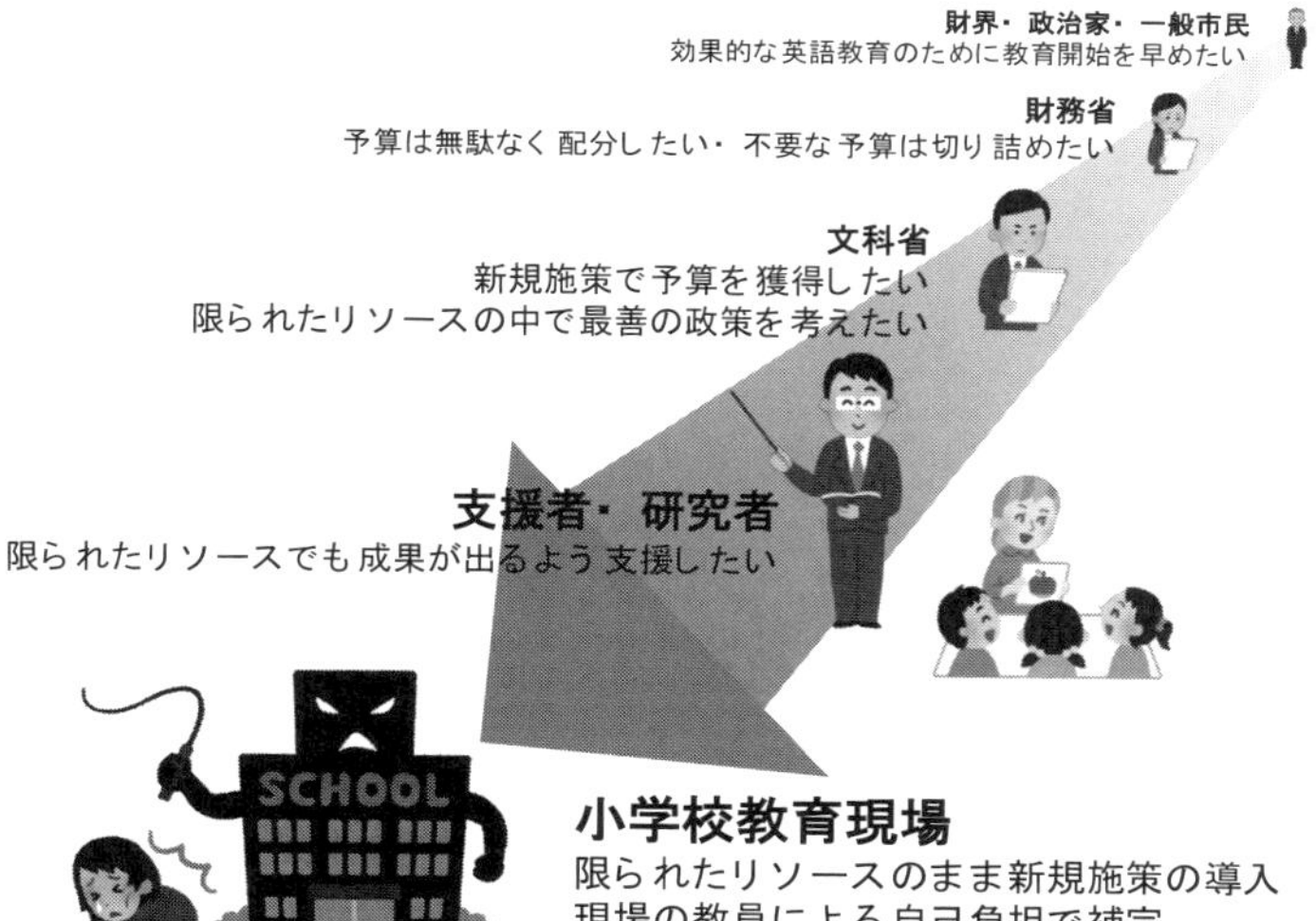

図１　複合的な合理性、小学校英語の例

ます。こうした財務省のバランス感覚――教育関係者からすれば「教育軽視の姿勢」に見えるでしょうが――は、予算の適正配分という合理性そのものです。このような合理性を持つ財務省にとって、リソースがなくても関係者の努力の結果、なんとかうまくいった成功事例は、予算をつけなくても問題ない証拠に他なりません。つまり、現場・研究者・支援者が努力して成し遂げた成功事例が、予算削減の根拠になってしまうのです。

さらにその上部には、財界・政治家・一般市民が位置しています。もちろん、多くの人は学校教育の重要性を理解していますが、だからと言って、みながみな他の問題よりも高い優先順位をつけているわけではありません。

中澤渉氏が『なぜ日本の公教育費は少ないのか』（二〇一四、勁草書房）のなかで詳しく論じているとおり、教育が相対的に軽視される状況には有権者の判断が色濃く反映しています。日本は教育への公的支出の少なさでしばしば批判されますが、この教育軽視は何も政府だけの特徴ではなく、一般の人々の平均的意見でもあるのです。つまり、全体的に見れば、日本の納税者は、自分たちの税金を、教育よりは他の懸案事項（たとえば、高齢者福祉や医療）に回したほうが良いと考える傾向があるということです。こうした構造を前提にすると、アクターがみな善意・合理性を持って事態に対処したとしても、全体として見れば非合理的な政策が生まれ得ることを示しています。

以上、小学校英語を素材に論じてきましたが、同様の構造は他の分野でも容易に見つかると思います。たとえば、ボランティアに依存しがちな活動にはこの問題が常についてまわるので、日本語教育（とくに地域日本語教育）も無縁ではないのではないでしょうか。

二　「実態」の理解の仕方

次に、「実態」をめぐる理解について論じます。ここでは、英語教育政策の研究でしばしば行われている「実態調査」と称される一連の調査研究を事例に、その問題点を議論します。

学術調査であれ市場調査であれ何であれ、調査というものは何らかの実態を明らかにするものです。したがって、実態調査という言葉はいささか冗長さを感じますが、実際の「実態調査」という用語の使用例を見ると、もう少し浅い意味で使われているように思います。すなわち、表面的な点はとりあえず調べるが深い理論的分析には踏み込まない調査といった意味合いです。

ここには量的・質的いずれの調査も含まれます。つまり、アンケートをばら撒いただけで「実態」を表層的になぞるだけの量的調査、および、短時間インタビューをしただけでやはり表面的な「実態」しか記述していない質的調査を念頭に置いています。こうした問題のある実態調査は、その名に反して、実態に対する認識論的検討を欠いています。逆に言えば、問題のある例を見ていくことで、実態調査のあり方を考える手がかりが得られます。これが、本稿があえて「ダメな例」に焦点をあてる理由です。

なお、「実態」とは、日常語の意味を踏襲して、「実際の状態、ありのままの状態」と定義しておきます。要は、言説レベル――つまり、「あれは××だと言われている」「権威の何々先生はこれは××だと述べた」――を越えて、経験的《エンピリカル》な事実として××なのかどうかに関する言明といえます。ですから、実態調査は、従来は言説レベルでしか論じられていなかった事象について経験的な知見も得ようとする調査ということです。

量的な実態調査

まず量的な実態調査について検討します。量的手法を使う以上――すなわち統計的な要約・情報圧縮を行う以上、量的研究における実態は統計的＝数学的にしか定義できません。ほとんどの場合、量的実態調査において実態とは、関心のあるグループの代表値（平均値やパーセンテージ）を指しています。

こうした定義を採用する以上、実態調査という概念に最も近いのは、関心のあるグループのメンバー全員を調査する全数調査でしょう。ただし、この全数調査は往々にして困難であるため、次善の策として、母集団から何らかの抽出がなされることが一般的です。このとき、母集団の統計的平均値と調査サンプルの平均値は、できるだけ近くなることが望まれます。これを保証する方法は、一般的に、ランダム抽出以外にありません。対象集団からランダムに調査対象を抽出してはじめて、データから得られた代表値が調査対象（母集団）の実態に近似するのです。

一方、言語教育研究でよく使われるのが縁故抽出・便宜抽出です。たとえば、知り合いにアンケートを配布してもらったり、インターネット上に適当にばらまいたりする手法です。この抽出法では、データから得られた代表値と母集団のそれが近づく保証は一切ありません。ランダムに抽出していない場合、データが母集団の縮図になっているか、それとも大きく逸脱しているかは神のみぞ知る状態です。大量にアンケートを集めればより正確な値が得られると誤解している人もいますが、統計的には端的に言って間違いです。結局のところ、縁故抽出・便宜抽出では、どれだけ人数を集めようと母集団の実態＝統計的代表値を推測することはできません。

もちろん縁故抽出・便宜抽出で調査せざるを得ない場合はあります。この場合、発想を根本的に転換する必要があります。つまり、ランダム抽出をしない以上、母集団への安易な一般化をしてはならず、その代り、実際に調査をした集団に限定した量的記述がめざされるべきです。要するに、事例研究です。事例研究的な量的調査とは、あくまで事例研究の一環としての調査であり、その目標は対象集団の量的プロフィールの収集であって、一般化ではありません。そして、事例研究である以上、統計処理だけで終わらせることはできません。官公庁統計などのマクロ統計・史資料・質的調査・理論を総動員して、対象集団について総合的に分析することが必要です。したがって、たとえ事例研究と位置付けたとしても——いや、事例研究だからこそ——、アンケートをばらまくだけの実態調査に存在価値はないでしょう。

言語教育研究ではなぜか、ランダム抽出の重要性があまり浸透していません（方法論の教科書にさえ載っていないこともあります）。むしろ「ランダム抽出でなくてもそこそこ良い結果が得られるはずだ。この調査対象は母集団と違いはなさそうだから！」という根拠のない自信に基づいて、縁故抽出・便宜抽出の調査が行われているのが現状でしょう。しかし、実際には、統計的実態＝代表値が、私たちの実感と大きく乖離することは頻繁に見られます。つまり、「目の前のこの対象を調査すれば、実態がわかるはずだ」という根拠なき自信は、本当に根拠がなかったという例はしばしばあります。

以下、このように実感と統計的実態が大きくずれる例を、筆者の研究から二つ紹介します。

各国民の平均的英語力

一つ目が、各国の平均的英語力に関するものです。通俗的な言説として「日本人は英語ができないが、アジアやヨーロッパには英語ができる人が多い」という話はよく聞かれます。多くの人の実感もこれに近いと思います（正直に言うと筆者もそうでした）。しかし、実際にデータをとってみると、いろいろな点で思い込みに過ぎなかったということがわかっています。

拙著『「日本人と英語」の社会学』（二〇一五、研究社）では、アジア・ヨーロッパの一八カ国を対象にした Asia Europe Survey 2000 を使って、各国民の英語力を比較しました。この調査はランダム抽出によって行われており、統計的実態と実感の比較を見るのに適しています。調査や分析手法の詳細は同書にゆずり、以下、分析結果の要点だけ述べます。

- 国際的に見ると、日本人には英語ができる人が少ない。「高度な英語力」を持った人は一パーセント程度である。
- 一方、他の国——韓国、中国、台湾、インドネシア、イタリア、スペイン——にも、英語力のある人は少ない。上述の国で「高度な英語力」を持った人は、一パーセント〜数パーセントと、日本と大差ない。

この結果は、旧英米植民地を除き、非英語圏の人々は基本的に英語ができる人が少ないことを示しています。言われてみれば当たり前です。「日本人は世界一英語下手」という発言に何らかのもっともらしさを感じるとすれば、それは統計的実態と乖離した思い込みなのです。

英語使用ニーズ

第二に、英語使用ニーズに関する私たちの実感も、統計的実態と大きく乖離することがあります。世界のグローバル化の進行がしきりに喧伝されている昨今、日本でも英語の必要性が年々高まってきたと感じる人は多いでしょう。一見すると至極自明に思える「英語使用ニーズは増加している」という実感ですが、実は統計的実態と乖離していたことがわかっています。

上述『「日本人と英語」の社会学』で筆者は、日本版総合的社会調査という、ランダム抽出による大規模社会調査データを二次分析しました。英語使用に関する同一設問が含まれる二〇〇六年調査と二〇一〇年調査を比較することで、二〇〇〇年代後半の英語使用の推移を検討しました。

設問は「あなたは過去一年間に以下のことで英語を読んだり聞いたり話したりしたことが少しでもありますか」です。「仕事」や「友人・知人づきあい」などの選択肢から当てはまるものをすべて選んでもらう方式です。

結果を図2にまとめました。二〇〇六年は、二一パーセントの人が仕事で少しでも英語を使ったことがあると答えています。この「二一パーセント」を思いのほか高い数値に感じる人もいそうですが、「少しでもありますか」と念押しした設問の影響でしょう。一方、二〇一〇年で仕事の英語使用率は一六パーセントに下落しています（統計的にも有意な減少です）。仕事以外にも、ほとんどの英語使用場面で使用率が下がっています。これは明らかに「グローバル化で英語使用が増える」という私たちの実感と真逆の結果です。なお、この減少の原因としては、グローバル金融危機の影響が考えられます（金融危機→世界不況→出入国者の減少&貿易減少→英語使用機会の減少）。

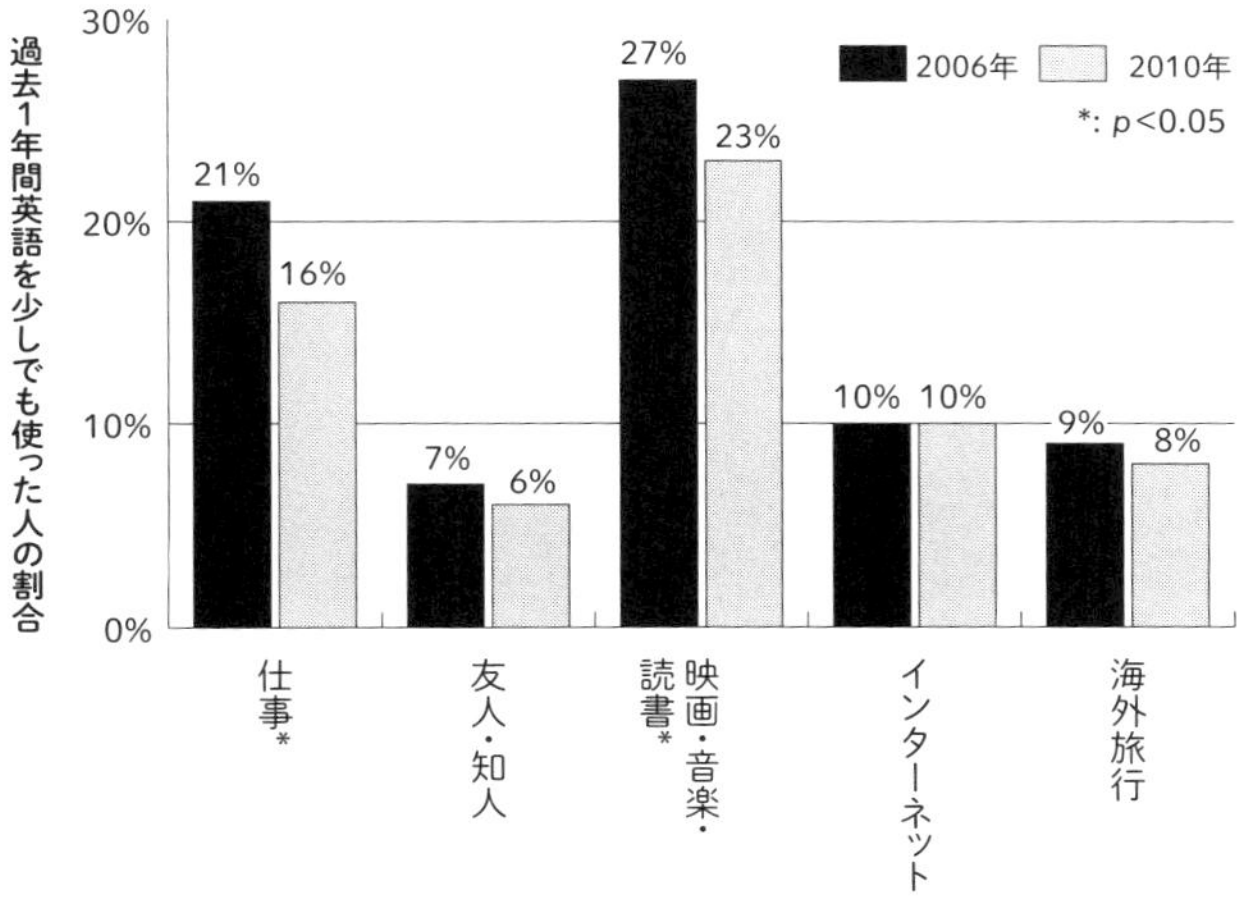

図2　2000年代後半における英語使用率の推移

質的な実態調査

次に、質的な実態調査に目を転じます。ここでの質的調査とは、数量化を前提とした測定手法・アンケートを用いず、テクスト・ビジュアル形式の非数値データ（史資料、インタビューデータ、フィールドノート、映像記録等）を中心にした調査と定義します。

質的調査（およびいわゆる質的研究）は、言語教育研究では伝統的に行われてきませんでしたが、最近になって事情が変わってきています。私見では、日本語教育や英語圏の英語教育学では、質的研究はかなり浸透しているように思います。

日本の英語教育学でも、依然少数派ではあるものの、少しずつ存在感を増しています。たとえば、この分野の最大規模の学会である全国英語教育学会を例にとりましょう。私が予稿集をもとに集計したところ、質的研究の数は二〇一六年大会では一七件、二〇一七年大会では一一件、二〇一八年大会では一五件でした（分類の定義は表1を参照）。各年次大会の自由研究発表の総数はそれぞれ二七九件、二三七件、二三八件なので、全体の五パーセント前後ときわめて少数派ですが、英語教育研究者は分母が大きいため、絶対数としてはそこそこ存在することがわかります。

この質的研究の四三件の特徴を整理したものが表1です。データ収集法や対象者数、一人あたりの調査時間に特筆する点はあまりありません。一方、一番下の「調査対象人数×収集時間×調査回数」にはかなり特異な傾向が見らます。これは被調査者からどれだけ多くの情報を引き出したか、つまり質的データの総量《ボリューム》の指標と見なすことができます。その集計結果を見ると、一時間未満のものが一件、五時間以下のものまで含めると計七件です。驚くことに、今回計算可能だった研究の多くが、ごく短時間の調査しか行っていないのです。

データ収集法[(a)][(b)]

インタビュー[(c)]	エスノグラフィー・参与観察	対話を録音・録画	自由産出された文章（振り返りシート，掲示板等）
29（件）	4	5	11

対象者数

1 人	2-4 人	5-9 人	10-19 人	20 人以上	不明	計
3（件）	13	10	6	5	6	43

ひとりあたり調査時間

0-30 分	31-60 分	61 分以上	記載なし	計
7（件）	2	1	33	43

人数×収集時間×調査回数

0-60 分	61-120 分	121-300 分	301-600 分	601 分以上[(d)]	計算不能	計
1（件）	1	5	1	6	29	43

注記（a）自由研究発表（ポスター発表、企業発表含む）について、予稿集の記述をもとに分類した。なお、この集計における質的研究は、質的データ（非量的データ）を、頻度などの数値に変換せずに質的データのまま分析したものと定義する。したがって、ナラティブデータ・文字データを事後的にコーディングし、集計したたものは除外する。また、教科書・書籍・新聞記事等の出版物を分析したものも除外する。

（b）2 つ以上の収集法を併用しているものもあるため、合計は総数と一致しない。

（c）ほとんどが半構造化インタビュー。

（d）エスノグラフィー・参与観察系の研究（4 件）は計算上は「計算不能」に分類されるが、比較的長時間のフィールド調査をしていることは明白なので、公平のため「601 分以上」に分類した。

表 1　全国英語教育学会における質的研究の動向

問題は、この程度の調査時間で実態に肉薄できるような豊かなデータが手に入るのかという点です。質的調査は、量的調査のように多くの人々（ケース）を調査しない代わりに、量的調査の比ではないほど深く調査・分析することが求められます。しかし、数時間未満の調査量で、深い分析に耐えられるデータが手に入るかと言えば、ほとんど期待できないでしょう。もちろん、これは調査対象者の人数ではなくデータ総量《ボリューム》の話です。たとえば、調査対象がたった一人だったとしても、それは間違いなく典型的な質的調査です。しかし、その一人に一時間しか接触していない調査を想像してみてください。この程度の接触時間では、まずごく表層的な事実しかわからないわけで、その程度の表面的な情報であれば、そもそも質的に検討する意義は薄いわけです。

情報の質が薄くなってしまう理由は大別して二つあります。第一に、短時間の調査では、信頼感やラポールの形成が困難です。被調査者は、調査者のことを信頼していない限り、表面的な事実や当たり障りのない意見しか述べないのが普通です。このような調査で得られたデータは、通説や常識の範囲内の事実――要は、調査しなくてもわかること――を示唆しているだけの場合がほとんどです。

第二に、対話的なデータ収集をめぐる問題です。質的調査の特長に、データが対話的に得られるという点があります。つまり、調査者の問いかけに対し被調査者が答え、その答えに触発されて被調査者が新たな問いを投げかけ、さらにその回答に新たな問いが触発されるというダイナミックな過程です。これは量的研究には不可能であり、その点で質的研究の最大の強みの一つです。しかし、短時間の調査は、調査者・被調査者間の発話交替（ターン）の数も少なく、自ずと対話の絶対量は減ります。その結果、対話に触発されたダイナミックな問いの生成は低調になり、予定調和の結果しか得られずに調査が終了することになるでしょう。

対話的に収集することの最大のメリットは、当初の予想を裏切るような豊かな知見を引き出すことができる点ですが、これはデータの総量《ボリューム》が小さいほど望み薄になるわけです。ちなみに、今回の集計では振り返りシートや電子掲示板などで自由に産出された文章を分析した研究も質的研究に分類しています。しかし、この手の調査は対話的なデータ収集をしていないことが多いので、この手法にもデータ総量《ボリューム》の問題はついてまわります。

上記の点に考慮のない実態調査は、「実態」というものをかなり限定的に理解していると考えられます。つまり、データ総量《ボリューム》に無頓着な実態調査では、わずかな時間の調査で明らかにされる事実を前提にしており、したがって、ここで言う「実態」とは、現象の表面的な特徴を指しているに過ぎないのです。表面的な特徴とはたとえば、被調査者の基本的なプロフィール・経歴、周知のできごとに関する事実描写、本音ではない建前的な意見、細部の回顧に基づかない「なんとなくこうだった」という記憶語りなどです。

しかしながら、このような実態で十分だとするならば、質的調査手法をとる意義はほとんどなくなります。「アンケートのほうがまだマシ」ということになってしまうでしょう。

三　有効性

最後に、有効性について述べます。有効性とは、ある政策を実施した時、それが当初想定していた目標を達成できるか、言い換えれば、予想された効果を実際に発揮できるかどうかです。ここには「政策P実施→効果Q」という因果関係があります。有効性とは要するに因果効果に関する問いのことです。

「示唆」という言葉、禁止のすすめ

しかし、言語教育分野の政策研究には、有効性／因果効果を考慮している形跡のない研究が多数あります。たとえば、海外の先進的な英語教育プログラムを実施している学校を訪問・授業参観したり関係者にインタビューすることで、当該プログラムの成果を調べる研究です。この種の研究が政策研究と呼ばれる所以は、その授業参観なりインタビューなりが何らかの政策的示唆（とりわけ日本の英語教育への示唆）を生み出すと考えられているからです。

しかし、ここで問題になるのは、その示唆が実際にどれだけ日本の英語教育政策に役立つのか非常に曖昧である点です。これは、示唆という言葉の意味のルースさに原因があるでしょう。示唆という語が含意する「当該知見が役立つ度合い」には大きな幅があります。一方の極には非常に役立つ示唆があります。これはたとえば、そのまま日本に移植するだけで同じような成果が期待できる先行事例です。もう一方の極には、「ほとんど成果は望めないが、話の種として聞いておいてもいいかもしれない」程度の、ほとんど役立たずの示唆もあります。この両極端の示唆は、実質的には完全な別物ですが、困ったことにどちらも示唆という語で指示できるのです。

この意味で、「示唆」は大変便利な言葉ですが、反面、厳密な議論の足かせとなります。示唆ということばで研究成果を一括りにすると、どれだけ役立つかに関する思考を放棄してしまいかねません。こうした問題点を踏まえるなら、示唆という言葉はあえて禁句にすることが――対症療法的ではありますが――有効だと思われます。「示唆」のようなルースな言葉を使えなければ、有効性に関する議論への思考が否が応でも触発され、その結果、有意義な研究蓄積が進むと考えられるからです。

因果モデルで政策を考える

では、本題に入りましょう。有効性の根幹をなす因果モデル・因果関係について論じたいと思います。教育業界・学校業界には、因果モデル・因果効果という語に大きな抵抗を感じる人が少なくありません。曰く、教育は複雑な現象だから因果関係では語れない、と。

確かに、認識論的にきわめてラディカルな人、つまり、「観察可能なもの原理主義」の人がそう言っているのであればよくわかります――「私たちの世界に存在するのは『Pが起きた後にQが起きた』という時間的関係だけだ。『PがQを引き起こした』のような因果関係などという代物は存在しない！それは私たちの心が作り出した単なるフィクションだ！」と言う人がもしいるなら、一応筋は通っています。しかし、実際のところ、多くの人は、そしてほぼすべての教師は、教育行為を因果関係で認識しています。たとえば、教師は学習者に何らかの好影響を与えるために、教材や指導法、アクティビティの取捨選択を行います。この判断の背後には明らかに因果効果をめぐる思考が存在します。また、学習者のパフォーマンスが思いがけず悪かった時、私たちは、その原因を考えるはずです――たとえば「教え方が悪かったのではないか」「教材が悪かったのではないか」「風邪が流行っていて体調が万全ではなかったからではないか」「ハロウィーンの翌日でみな寝不足だったからではないか」など。これもやはり因果モデルによる推論です。このような思考を放棄して（あるいはこのような思考から「解放」されて）はじめて私たちは、「教育は因果では語れない」と宣言できるわけですが、この宣言をするだけの覚悟を持った教師はおそらくほとんどいないでしょう。

政策研究一般において、因果効果・因果モデルはきわめて重要なものとして認識されています。あらゆる政策が多かれ少なかれ「施策P→成果Q」という因果モデルを前提にしますから、これは不思議なことではありません。もちろん、「P→Q」における因果効果を経験的《エンピリカル》な形たちで取り出すことは、実務上はかなり難しいのは事実ですが有効な因果推論手法は多数開発されています（この議論の入門的な文献として、中室牧子・津川友介著『「原因と結果」の経済学』（二〇一七、ダイヤモンド社）を紹介しておきます）。さらに、この因果分析の考え方は、量的研究だけに関わる話というわけではありません。政治学者の久米郁男氏がその著書『原因を推論する』（二〇一三、有斐閣）のなかで詳述しているように、質的研究や歴史研究にも適用可能だからです。

以下、因果効果について、小学校英語の例を再びとりあげます。小学校英語を政策面から研究するのであれば、多くの場合、因果モデルを構成する必要があるでしょう。具体的には、単に海外の小学校英語の「視察報告」で済ますのではなく、当該の小学校英語プログラムPがどのような影響Q（好影響・悪影響）を引き起こしたのか、その「P→Q」の因果推論はどれだけ信頼が置けるものなのか、そしてそのPは日本に移植されたとき、同じだけの因果効果を見込めるのかを丁寧に論じる必要があります。

あるいは、今まさに小学校英語の教科化・早期化が始まりつつあるので、この教育改革Pがどれだけの影響Qを引き起こすのかについても厳密に検証していくことも必要です。さらに、この「教育改革」に似たプログラムがすでに行われていたら（たとえば、実験校での先行実施）、その成果を中立的・客観的に検証することで、これから始まる教育改革の妥当性を検討することもできます（もっとも、今までもこうした検討は十分できたはずです。実験校で小学校英語が始まったのは一九九〇年代初めであり、優に四半世紀が経っています。しかし、因果効果を適切に推定する研究デザインを旧文部省・現文部科学省や英語教育研究者は採らなかったため、残念ながらその効果は藪の中です）。

小学校英語は、当初、教育改革の切り札として推進されました。要するに、小学校に英語を導入したら子どもがより良く成長するという理屈です。問題は、推進者の中に（行政だけでなく研究者も含まれます）かなり楽観的な因果推論を披瀝する人がしばしばいる点です。たとえば、限られた数の授業参観を根拠に「子どもたちに劇的な変化が生じた」と結論づける人。ごく短期間の成長を施策の成果と大々的に喧伝する人。さらには、非経験者と比較せず目の前の子どもの成長だけを根拠に施策の有効性を議論する人もいます（ひょっとしたら、余計な「教育」などせず放っておいたらもっと成長したかもしれないのに！）。このように、因果推論としてはかなり危うい議論が散見されます。

小学校英語政策Pとその最終的な結果Qの間には、有効性を左右する様々な要因Xがあります。因果連鎖として表現すると、$P \to X_1 \to X_2 \to \cdots \to X_i \to Q$となります。これら撹乱要因Xにより、当初想定していた効果Qが全く生じなかったり、むしろ悪影響だらけになったりするかもしれません。反対に、予想もしていなかった好影響が出るかもしれません。したがって、短期的・ミクロな成果を楽観的に称揚するのではなく、撹乱要因を適切に考慮したうえで、PとQの間の効果を総合的・長期的に判断することが必要です。これが、有効性を真剣に考えた政策研究の第一歩です。

以上の議論の詳細は、最近論文にまとめましたので、興味のある方はお読みください（Takunori Terasawa (2018). Evidence-based language policy: theoretical and methodological examination based on existing studies. Current Issues in Language Planning. DOI: 10.1080/14664208.2018.1495372D)。

以上、筆者の専門である小学校英語を例に論じましたが、その他の言語教育分野にも同様の枠組みは問題なく適用可能です。たとえば、日本語教育であれば、日本語教育の特定のプログラムを実施して、それが実際に成果――たとえば「日本語能力」や「日本社会への適応度合い」など――につながるかという問いの立て方は不自然ではないでしょう。もちろん、実務的にはクリアしなければいけないポイントは山のようにあります（たとえば、能力や成果をどう測るかという測定論をめぐる問題。あるいは、コストを抑えつつ信頼性の高いデータをどのようにすればとれるかという調査設計の問題)。しかし、こうした点を克服することで――あるいは完全に克服しないまでも妥協できるラインで合意をとりつけることで――、因果効果の推定を行うことには大きな意義があります。少なくとも、「教育は因果では語れない」という耳あたりのいい言葉で思考停止をするよりも、よほどマシです。

四　さいごに

本稿では、ポリティクスを研究する上で有用なポイントを三つ提示しました。それらは、(一) 複合的な合理性、(二)「実態」を明らかにすることの困難さ、そして (三) 有効性・因果モデルです。これらは研究のハウツーではないので、知ったからと言ってすぐにポリティクス研究/政策研究の質が向上するわけではありません。むしろ、ポリティクスを研究することのハードルの高さを実感させ、大学院生など「新米研究者」に研究するのを躊躇わせてしまうかもしれません。しかしながら、事実として、ポリティクスの研究・政策の研究は、従来の言語教育研究者が思っているよりもはるかにハードルが高く、小中高の自由研究の延長線上でできるものではありません。この点をきちんと理解したほうが、長期的には学界の利益になると筆者は考えます。

ディスカッション3 言語教育政策研究は必要なのか

英語教育政策・日本語教育政策の研究者は育っているのか

牲川◉庵論文についてのディスカッションでも出た話題ですが、基本的に、大学教員には研究も教育もするというのが求められていて、どちらもやろうとするとめちゃくちゃ忙しいですよね。私が寺沢さんの論文を読んで思ったのは、本当にこういう研究は必要だ、日本語教育にも必要なんですけど誰がやるんだろうかと。様々な意味で誰がやるんだろうって思ったんですね。メタ的に見るということは、日本語教育だけではなくて外国人の受け入れ政策なども見なければならないし、実現する政策ということを考えたら、長期に渡って追わないといけないということもあります。

また、寺沢さんは、英語教育関係の学界の一つの傾向として、内容重視的なものが流行っているということをおっしゃっていたんですけど、私にとっては、日本語教育では、質的調査方法が流行っている。特に、日本語教育の実践であったり、日本語を学んだり使ってきたりした人のライフストーリーの研究に取り組んでいる人が多い。一方、ポリティクス、ポリシーの力関係ということにはあまり興味が持たれていない。政策的な研究は、誰が、どういう形で担えるのかなというふうに思ったんですね、私たちのシンポジウムの時も。寺沢さんもそんなに仲間がいないとおっしゃっていたので、寺沢さんは、こういう研究の未来をどう考えられますか。

寺沢●修士課程一・二年の水路付けで、ポリティクスの研究に向かわせない状況になっているように思います。日本語教育・英語教育に限らず、外国語教育に関する修士課程、もっと言っちゃうと、学部の外国語教育系のことをやろうとする人たちが、ポリティクス、政策系の研究をしようと思っても適切な指導者がいない、あるいは、適切なハンドブックがないとかで、結局、言語習得系の研究に進んだり、いわゆる狭い意味での教授法研究みたいなほうに行っちゃったりする。そういうところを根本的に変えなきゃいけないと思っていて、今回のこの本がいいきっかけになればと思っています。

修士課程の学生とかを見ていると、卒論を書いたということで莫大な貯金を得たという「妄想」を持ちがちですよね。僕らからすると、そんな卒論の貯金なんて、修士一年の勉強で簡単に吹き飛ぶくらいわずかなものだと思うんですけどね。でも、修士くらいだとなかなかそれは実感しづらい。卒論でこれだけ勉強したんだから、この勉強の貯金をパーにするのはもったいない。だから、卒論で扱ったテーマを継続する。そのテーマで修論を書く。で、修論を書いたら書いたで、さらに莫大な貯金を得たと思い込んじゃう。こういう水路付けがあるんじゃないかと思ってます。

この水路付けは、学問の輸入にも影響します。北米では英語教育系でもポリティクスやクリティカル系の研究ってバリバリやられてます。ただ、北米でＰｈＤ（博士号）を取った日本人は多数いますが、その人たちがこの手の研究を輸入して帰ってくるかというと、そんなことは少ないですね。北米でＰｈＤをとって帰ってくる人って、学部か修士ですでに水路付けが終わってるんですよね。英語教授法研究や第二言語習得をやりたいと思って北米の博士課程に行くわけで、北米の学問的動向を広く学んで帰ってくるわけではない。僕は北米のポリティクス系の応用言語学を輸入しているという自覚はありますが、北米に留学してもいない僕がこれをしてるのは不思議な話ではありります。

結局、この方向で入門書とかハンドブック、もっと言えば、コースワークを作るのが重要という話になってきますね。

庵◉そういうコースワークは、大学院がメインというか、少なくとも英語教育や日本語教育という分野として大学院を持てる大学でないとできないと思います。それ以外の場合は、大学の中の関連授業を取り込んで、さらに大学院の中に一つか二つ、関連授業を作って全体でコースにするぐらいじゃないと、現実的には難しいと思いますね。寺沢さんの論文に出てくるようなことを、専門的な知識として教えられる非常勤を雇える予算もないので。

牲川◉現在の日本語教育政策を研究している人、かつ、日本語教育の実践現場を想定して研究している人というのはとても少ないですよね。早稲田には、欧州評議会の言語政策理念を踏まえた研究をされている福島青史さんが着任されましたけど。

有田◉日本言語政策学会に英語関係の人たち、結構いるんじゃないですか。

寺沢◉もう、英語教育の人は、発表者としていなくなっちゃったように思います。日本語、英語以外の外国語の人がメインじゃないですか。あと、国語か。立ち上げのときには英語の人たちがいたと思うんですけど、どんどん駆逐というか、淘汰されていったというか。まあ、あんまり活字化できないことを言うと、英語に関して言うと、その、まあ、他の分野から、何というか、英文学とか英語学であんまりうまくいかなかった人が、相乗りしてきたようなところが英語教育政策にあるので。わかります、このニュアンス？（笑）

牲川◉寺沢さんは第3章の中で、活字にしてしまってますけど（笑）。

寺沢◉「言語政策」の研究者と名乗る人の中には、研究対象としての政策と自分が関わってきた政策とが分化できていない人がいますね。つまり、自分が政策を作る側になった、たとえば教育委員会に入ったとか中央教育審議会の委員になったとか、そういう経歴を根拠に「言語政策を専門にしています」と宣言するということがままありますね。

牲川◉政策を専門としているから呼ばれたわけではないけれども。

有田◉日本語教育学会の専門分野のところに「言語政策」があるじゃないですか。私も、そこに入っていて、一橋ではイ・ヨンスク先生に教えていただいたし、修論は国際関係学の白石昌也先生のゼミで泣きながら書きましたけど、独学に近いところがあります。

牲川◉教えている人が誰もいないですから。たぶん、本当に少ないと思いますよ。

「合成のパラドクス」は日本語教育でも起こっているのか

有田◉寺沢さんの論文の合成のパラドクスというのは、とっても、私、わかりました。こういうふうに整理すればいいのかというふうに。

牲川◉私たちのシンポジウムでも、結構この箇所が印象に残ったという人は多かったみたいですね。

寺沢◉日本語教育でもありますよね、こういう話。みんなが頑張ってるけど、結果、そのみんなの努力がむしろ悪循環を生む。

牲川◉ああ、地域の日本語支援ですかね。ボランティアの人が善意でやると専門性がなくなるし、行政がお金をかけなくてもその程度の日本語教育ならみんなやれるよねと、ボランティアにお任せしましょうということになるという話。

それは本書で有田さんが書かれたことと、すごく関係ありますよね。やればやるほど現場がなんでも背負わされるし、背負ってしまうし。で、背負ってしまうと、日本語の先生は留学生の世話係となって、なんでもやらせようということになる。

有田◉私が書いたところで、合成のパラドクスと言ってもいいかなと思ったのは、日本語教育界の内部でなにか、関係者内で分断が起こりがちだというところですね。地域の日本語支援だけではなくて、たとえば専任の先生と非常勤の先生が、両方ともお互いに悪くしたいなんて思ってなくて、それぞれが学生のためと思っていたり、それぞれの職務を責任と信念を持って果たそうとしているだけ、あるいは自分の当然の利益や権利を守ろうとしているだけなのに、結局どこかで背反して分断されてしまっているというような。

質的研究の質は高いのか

牲川◉最近の日本語教育の質的研究について有田さんはどう思われますか。

有田◉寺沢さんの論文を読んで、私すごく耳が痛いと思いました（笑）。

牲川◉あ、有田さん自身というよりも、ナラティブとかライフストーリーといった研究の傾向について。日本語を学ぶことがその人の人生に与えた意味を追っていくような研究。正直に言って、私にとっては、面白い研究にあまり出会えていないんです。国際教育の分野で、外国人として渡ってきたというか移動してきた人たちの背景、学校教育の問題や学習の環境とか、そういうものを総合したような研究だと、人ひとりを立体的に追っていて、なるほどと腑に落ちることがあるんですけど。

たぶん、ことばを学ぶことというのは、学びたいと思って学ぶ人にとっては必ず意味があることなので、それを論文化して出していくということに、あんまり私、魅力を感じないというか。私は、質的調査という方法自体は好きなので、なんとも言えないんですけど、その話が、教育や学習、ことばの意味とか、もうちょっと大きな文脈に対しての提案につながらないと、いやあ、よかったなあって思って終わっちゃうんですよ。

庵◉そういうもんでいいと思われているところがないですか。一人のことを記述していればいいっていうか。

牲川◉それを通じて何かを主張したいから研究するんじゃないかなと思うんですけど。あんまり主張に斬新なものがないので、そうすると研究としては今一つ蓄積にはならないかなと。書いた人にとっては何かすごく思い出に残るというか、そういうことはあると思いますが。

寺沢◉英語教育分野で、最近、『はじめての英語教育研究』っていう画期的な入門書が出ました（浦野ほか、二〇一六）。画期的なところは、質的研究にも、量的研究と同じくらいページ数が割かれている点です。量的研究一辺倒だった少し前の英語教育研究本では考えられません。

あと、メソッドと研究実例をセットで提示しているのも特徴です。「この○○法はすでに英語教育研究で使われてますよ。たとえば、誰それの何年の研究で、これこれこういうテーマを」云々という感じで丁寧に解説しています。おかげで、初学者は「このメソッドをやるには、この論文を取り寄せてお手本にすればいいんだな」とわかる。

でも、僕が見ると、その研究事例はお世辞にも面白いとは言えないものが多い。作法には則ってるので、確かにメソッドを学ぶ上でのお手本にはなるんだけれど、研究としてお手本になるかっていうとなかなか微妙だなと。結局、「研究」って標準的な手続きに従うだけじゃだめで、従った上で何らかのブレイクスルーを起こすところまでめざさなきゃいけないじゃないですか。そのブレイクスルーへの志向がちょっと弱い。

質的研究は分母が小さいので、英語教育界で（とくに日本の現象を対象にして）何々法を使った研究例としてこれこれこういうものしかないという事情はよくわかる。わかるんですけど、ブレイクスルーの見えない研究を読んで、研究の魅力を感じるかっていうとなかなか微妙です。ジレンマですよね。たとえば、質的研究の○○法を広めたいってときに、魅力的な研究を紹介しようとすると、どんどん初学者の立ってる場所から離れてしまって、世界的に有名な研究者の、英語教育とは関係ない名人芸を紹介せざるを得なくなってしまう。逆に、初学者におもねりすぎると、「ちょっとこれ、研究として面白いの？」っていうものを紹介するしかなくなってくる。

牲川◉そうなんですか。寺沢さんが論文で質的研究として挙げられているのはインタビューの調査ですが、文献調査や教室の会話記録を使ったりするものも入れれば、英語教育の研究でももっとありますよね。

寺沢◉そうですね。論文の集計（第3章の表1）では、会話の言語構造に特化した研究は会話分析・ディスコース分析として除外しています。文献調査も今回の定義からは除外しています。

牲川◉全国英語教育学会の口頭発表七五四件のうち、四三件が質的研究だとすると、他はどういった研究になりますか。

寺沢◉一番多いのは、実験と質問紙調査ですね。要するに量的研究です。

牲川◉実験ということは習得系ですか。

寺沢◉習得系ですね。あと、ある教授法を実験群に試すという教授法研究。

牲川◉効果は何らかのテストで測るとか。

寺沢◉実験室研究のような狭義の実験から、フィールド実験のような意味での広義の実験もあります。こっちのクラスではこれを教えて、あっちのクラスでは教えない。で、しばらくしたら、成果に差があるかを見る。

牲川◉自分の教室の実践を振り返るような質的研究は、あまりないんですか。

寺沢◉「実践を振り返る」研究は非常に多いです。実務者・実務志向の研究者が行っています。英語教育系の学会には、大学の研究者だけでなくて、小中高の膨大な層の実務者が入っていますから。とはいえ、そういう研究をやっている人に、質的研究だという意識はあまりないと思います。数字をバーっと出したりする場合も多くて、実際、質的研究とはまず言えない場合も多いでしょう。まあ、実践をよくしようとしている人にとって、質的研究かどうかは些末な問題でしょうが。一方で、学術志向の教室実践研究ももちろんあります。質的研究の枠組みに則っていると明示的に宣言した上で、データに基づいた考察を丁寧に行っているものは少ないですがあります。

牲川◉寺沢さんの調査では、七五四件中四三件が質的研究。ということは、そこそこ確かにありますけど、英語教育の研究では流行ってはないってことですかね。

寺沢◉そうですね。最近では、統計から逃れる方便として使われている感もありますからね。たとえば修論を書く段になって、統計ができない、統計じゃない方法でデータをとりたい、と。こういうのは古きよき大学院だったら許されないんでしょうけど、今はそうでもないようです。英語教育系の大学院もだいぶ大衆化しましたからね。統計ができなくても修論が書けちゃう。

有田◉印象としては、政策研究にしても、英語教育のほうが日本語教育より進んでいて、なんというか、教えてもらってきたというイメージがあるんですけど。そんなことないですか。

牲川◉英語教育政策研究のほうが、著名な人はいますよね。何冊も書いている研究者や、たとえば小学校英語は不要だとか、政策に対して物申す人はいっぱいいるんじゃないですか。日本語教育で物申すという人やメディアに載っている人は、ほとんどいないですよね。

寺沢◉そう考えると、日本言語政策学会が盛り上がって、ちゃんと教育もやってくれるといいですよね。

庵◉今は実質的には、教育部門はないんじゃないですか。

寺沢◉僕が入ってる日本教育社会学会では、どれだけ実質的効果があるかはさておき、院生セミナーみたいなのを開いてます。

有田◉でも、牲川さんの博論の著作（牲川、二〇一二）、あれは、質的研究と量的研究をすごく上手に。

牲川◉正しくは、量的研究とは言えないんですけど、そう見えるようにやった感はあります。参考にしたのは社会学の論文で、内容分析という手法を知ったり、論の進め方や見せ方を学びました（笹野、一九九九、岡本・笹野、二〇〇一、保田、二〇〇三）。量的分析の形をとったほうが、『日本語教育』（日本語教育学会）では受けがいいというか、学会誌に載せるには見せ方の工夫が必要だと考えていて、適切な方法を必死で探していました。本当は自分にとって一番やりたかったのは、後半の記述的な分析のほうで、それを説得的に示す前提として絶対に必要だからやったという感じです。

有田◉あの後流行りましたよね、学会誌を分析するという方法は。

牲川◉そうですね。日本語教育学会の学会誌全部を通しで分析したのは、たぶん私の研究が初めてだったと思います。でも、私も社会学の出身ではないので、見様見真似です。修士課程のときに安丸良夫先生のゼミに所属していて、歴史学の思想史の先生だったから、そこで資料の分析とか、文献の読み込み方のトレーニングは一応受けたんです。その影響はものすごく大きいです。言語教育政策の分野は、必要だけどなかなか広げられない研究分野ですね。

牲川◉政策に何かを言うためには、その政策を立てている人たちの、少なくとも表に出ている部分については知っておかなくちゃいけないんですけど、それすら今もう追いつかない。どんどん出てきて。それで、留学生一〇万人計画やバブルの時と同じように、現場が近いうちに混乱に陥るんじゃないかというのは、私はまだすごく不安です。有田さんが未来に向かって、明るい展望をちょっとおっしゃっていて、需要が増えるという一般的なイメージもあるけど、それこそ政策研究できっちり分析できていないので、今後どう進むかという展望が私には見えないですね。

庵◉淘汰されて減るってことがショックなことなのかどうかっていう。

牲川◉学習者であれ、教える側であれってことですか。

庵◉たとえば日本語学校が大幅に減ったとして、それ自体が問題なのかどうか。職は減るけども、そもそもそういう無茶なところに勤めないと回らないようなことがそもそもおかしいということではないのか。

牲川◉新しい在留資格「特定技能」を得るためには、一応日本語能力試験N４程度の日本語能力が必要とされていますが、それを確かめるのは「日本語能力試験等」とされており別の試験もありえます（閣議決定、二〇一八年六月）。その対策で、外国人の送り出し機関がそれぞれ個別に、民間の日本語教員養成講座修了者に求人を出す、そして求めに応じて日本語教師が各機関に分かれて教育を行うことになったら、何が行われているかは本当に見えなくなりますよね。今も、特に介護系で求人がすごい出ているらしいです。介護福祉士養成の学校を建てて外国人留学生を受け入れるには、必要な体制の整備が求められるようになったことが関係しているかもしれません（文部科学省、厚生労働省、二〇一六）。日本語学校の求人情報の分析をしたら、非常に意味があると思うんですけど、日本語学校で働いている渦中の人がそうした情報を外に出したら問題視されるかもしれない。だからそうした現状が、出てこないんですよね。

有田◉私たち、目の前にあることをこなすのに精一杯で、次はこれやらなきゃ、その次あれみたいな、もう忙しすぎる。でもそれだけじゃなくて、周りはどうなってるかを見ていかなきゃだめだよねっていうのは、私自身も非常勤の先生も、日本語学校の先生たちにも、やっぱり必要かなって思いますね。でも、その必要性を切実に認識している人たちが増えてきつつあるというのは、思います。

牲川◉本書で、背景となる文脈を見たほうがいいですよということを伝えられれば、求人がいっぱい来てる、これは何なんだ、ここに行ったらどうなるんだみたいなことを考えることにはつながりますよね。

有田◉そうした中で、おかしい、おかしいってクエッションマークを思いっきりつけている人たちはいっぱいいるから、その人たちが、こういう寺沢さんみたいな仕事もやっていってくれるんじゃないかなあというように思うんですけど。それに、日本語教育の人って、私も含めてですが、バックグラウンドがいろいろなところから集まってきている感じだし、それは弱みでもあるけど、一方でこういう研究では強みにもなるかと。

牲川◉政策での実現可能性というより、現状を暴露するだけでもやらなきゃいけないのかなと思います。だからまだ英語教育は、たとえ暴露するだけでも、研究者がいるだけましなのかなあって。現場の小学校の先生の、大変だという声を拾って伝えるような研究はありますか。

寺沢◉ないですねえ。そういう視点が驚くほどないです。うまくいってますという声を拾う研究は山のようにあります。子どもたちが成長したとか、あるいは、苦労はしたけどやっぱりやってよかったという声はものすごく拾われていますが……。

牲川◉でも、そうなりがちかな。日本語学校の問題であれば、ブラックなところがあるということしか出てこないですよね。それ以上の、日本語学校の教師たちの実態は出てこないです。そういうことを知りたいんですけど、なかなか難しい。

有田◉日本語教育現場の労働環境について私が引用した岩切朋彦さんは、実際に日本語学校の先生だったんですけど、今は鹿児島女子短大でご専門の文化人類学を教えておられます。私たちのシンポジウムにも来てくれて、少しお話できてうれしかったんです。でも、一般的には、日本語学校の先生が論文を書くのは時間的に難しいかなあ。

牲川◉日本語学校の先生に研究者がインタビューをして、記録に残しておくとか。噂話で終わらないように。

寺沢◉こういう問題にまず切り込むべきなのは、雇用が安定しているテニュア（任期なし専任教員）でしょうね。

庵◉そういう意味でもテニュアがないとまずいっていう。

有田◉発信する余裕がないと、とてもできないですね。牲川さんが今回の私のこの論文（本書、第1章）について、もうちょっと労働問題の話をというのはそこら辺のことをおっしゃっているんですよね。

牲川◉はい。業界が広い英語教育ですら、その研究はやられてないということなので難しいかもしれませんが、日本語学校の先生、覆面でも難しいですかね。

有田◉所属している学校の状況について赤裸々に書くというのは、ちょっと難しいかもしれないですね。

庵◉そもそも本人はブラックだと思っているのかどうかも問題です。日本語教育の人は、仕事をたくさんやることと自体を肯定的に評価する人が結構いるから。やらされているというか、やってて楽しいと思っている可能性も。まあ、もちろんやらされている部分は感じていると思いますけど。

牲川◉ウェブ上のブログなんかでは、大変でひどいという話がたくさん出ていますよね。

庵◉日本語教育の場合、わざわざ長時間労働にしている部分は、昔から感じるんですね。採点とかでも、まあ、時間がかかるってこともあるけど、そういう部分を減らそうという話にはならないでしょ、基本的に。

牲川◉あんまりならないですね。教材、プリントを自分で作ることがよしとされるというか。

庵◉だから、シェアして適宜調整してという感じよりは、全部自分で一から十までやるのが望ましいというような、そういう文化風土があるというか。そういうふうに上の先生が教えるから学生もそういう影響を受けてという流れもあると思うんですけど。もちろん、ブラックなところは当然あると思いますよ。あるんだけど、本当はもっとひどいかもしれないっていうか。

牲川◉わからないですもんね。ジャーナリズムで出てくることを、研究が全然捉えられていない分野なので。その研究状況はおかしいけど、取り組む人が少なすぎるという課題があります。私たちのシンポジウムを聞いて関心を持ってくれた人がいるか。今回の本を読んで、寺沢さんの指導を受けたいと思う人が増えるか。

庵◉ということはやっぱり、牲川さん書いたらどうですか（笑）。

牲川◉そうですね。そのことは「まとめに代えて」で書きたいと思います。

まとめに代えて
――政策を動かす日本語教育のために

牲川 波都季

明らかになった「特定技能」の運用方針

二〇一八年一二月半ば、本書第3章までの原稿が出そろいました。一二月八日に「特定技能一号・二号」の新設を決める改正入管法が通った直後のことでした。その後、私の遅々とした編集作業がやっと終わろうとしているのが、二〇一九年二月半ばの現在です。「特定技能」の新設が決まった二か月前は、多数の外国人の長期日本在住、さらには永住にもつながる資格ができたということで、日本が移民国家になる転換期に立ち合っているという気持ちを持っていました。今は、本当に転換期なのか、過去の再来ではないのかという疑いも持ち始めています。

二〇一八年一二月二五日に、次の四つの規定等により、「特定技能」の要件や受入の具体的な姿が明らかになりました。

（一）「特定技能の在留資格に係る制度の運用に関する基本方針について」（閣議決定、二〇一八年一二月a）（以下、「基本方針」）

（二）「特定技能の在留資格に係る制度の運用に関する方針について」（閣議決定、二〇一八年一二月b）（以下、「分野別運用方針」）

（三）「『X分野における特定技能の在留資格に係る制度の運用に関する方針』に係る運用要領」（※Xには各分野名が入る。）（法務省、警察庁、外務省、厚生労働省、農林水産省、二〇一八）（以下、「分野別運用要領」）

（四）「外国人材の受入れ・共生のための総合的対応策」（外国人材の受入れ・共生に関する関係閣僚会議、二〇一八）（以下、「総合的対応策」）

これらの中から、日本語能力や日本語教育に関し、新たに判明したことを挙げていきたいと思います。

「日本語能力判定テスト（仮称）」の準備

まず日本語能力レベルを確認するための試験についてです。「特定技能一号」を取得するためには、日常生活レベルと各産業分野に合った日本語能力レベルが求められますが、それを確認するための試験として、既存の日本語能力試験N４以上に加え、「日本語能力判定テスト（仮称）」が実施されることになりました（各「分野別運用方針」）。

こうした新しいテストが設けられることは、外務省の二〇一九年度概算要求に必要予算一二億円が計上され、国際交流基金などが新テストを作るという報道があり（日本経済新聞、二〇一八年一〇月）、予想はされていました。一二月二五日には、新テストの作成と実施が確定すると同時に、実施地や開始時期等も明らかになりました。新テストの実施地は、ベトナム、フィリピン、カンボジア、中国、インドネシア、タイ、ミャンマー、ネパール、モンゴルの九か国となります（「総合的対応策」二四頁）。また、テストの活用開始は、宿泊、介護、外食業の三分野では、改正入管法が施行される二〇一九年四月から、他の一一分野では同年秋以降が予定されています（各「分野別運用要領」）。宿泊は技能実習制度の職種に含まれておらず、介護と、外食業の一部は最近になって新たに含まれたためすぐには「特定技能一号」への移行者が見込まれません。そのため、他分野に先んじて新試験を実施し、「特定技能一号」での受け入れを早急に進めようとしていると考えられます。

またこの新テストの目的と形式については、国際交流基金が日本語能力試験作成で得た知見を活かし、「外国人の日本語能力（特に、日本での生活・就労の場面におけるコミュニケーションに必要な能力）を、生活・就労に必要なレベルに応じて適切に、かつ頻度を高めて測る」、そのためにコンピューターを使った形式

（CBT：Computer Based Testing）を導入するということも発表されました（「総合的対応策」二六頁）。

ただ二〇一九年二月半ばの現時点において、この新しい日本語能力判定テストの具体的な内容は公表されていません。外務省は、二〇一八年度の補正予算として「平成三一年四月からの制度開始に向け、各事業所管省庁等の判断により共通に活用可能な日本語能力判定テスト、日本語能力習得のためのカリキュラム・教材の開発、現地担い手（日本語教師）の育成や現地日本語教育活動の強化支援等を実施」するために約二四億円を要求し（外務省、二〇一九、四頁）、二月七日に可決されました。つまり新テストの開発と、そのテスト合格を目標の一つとするはずのカリキュラム・教材の開発および現地での日本語教育とが、同時並行で始まる（マイナス予算ですでに始められていた?）ということになります。

昨年一二月の改正入管法成立からわずか五か月ほどで、新テストが準備できるのか、さらにその試験に合格するための学習はできるのか。この準備期間で多数の合格者が出るとしたら、「日本での生活・就労の場面におけるコミュニケーションに必要な能力」が本当に測れているのかも問われます。さらに介護分野の場合は、「特定技能一号」の日本語能力レベルの要件として、「介護日本語評価試験（仮称）」という日本語能力試験も課しており、こちらも二〇一九年四月開始とされていることから（「分野別運用方針」二頁、「分野別運用要領」三頁）、一体どんな準備が進められているのだろうかという疑問がわきます。

追記　その後、「日本語能力判定テスト」は「国際交流基金日本語基礎テスト」として、「介護日本語評価試験」は名称変更なく、二〇一九年四月一三日にフィリピンで初めての試験が行われました。事前に実施要領が公開されたのは、初試験の約三週間前に迫った時期で、その際「介護日本語評価試験」については例題が示されたものの、「国際交流基金日本語基礎テスト」については示されず、実際のテストでどのような問題が出されたのかも五月八日の現時点で公表されていません。

来日後の日本語教育支援

次に、「特定技能」で来日した後の、日本語教育支援について見てみたいと思います。

前述の「基本方針」は、「特定技能」資格の骨格となる方針を定めたもので、この中で、外国人を受け入れる企業、または受け入れ企業の外国人支援計画作成を助ける機関に対し、「生活のための日本語習得の支援」を計画、実施することを求めています（七頁）。ただし、その期間や時間数、内容は明記されておらず、具体的な支援のあり方はあいまいです。

また前述の「総合的対応策」は、関係閣僚が外国人の受け入れ体制を包括的にまとめたもので、日本語教育についても大きな紙幅が割かれています。たとえば、地方公共団体に一元的な窓口となるセンターを作り、日本語学習をする場としても活用する、外国人を支援する人材に対し、日本語習得支援も含めた研修などを行う、生活者のための日本語カリキュラム・教材を充実させる、NPO法人や地域の日本語教室、夜間中学校などを活用・支援する、日本語教育機関の審査を厳格化することなど、多様な施策が提示されています。

ただし日本語教育の体制整備に向けた基本的なスタンスは、既存のシステムを今まで以上に活用するというものです。担い手についても、各地域での育成支援を行う、地方公共団体で教室を開設するためのアドバイザーを派遣するといった、間接的な支援にとどまっています。本書第2章の著者、庵が訴えているような、国がプロフェッショナルな日本語教育者を養成・派遣し、一定時間数以上の受講を保障とするといった、公的保障としての初級日本語学習機会の提供（庵、二〇一四、五頁、二〇一六b）には程遠い内容です。

しかも、今後はプロフェッショナルな日本語教育者の姿も変わってくるかもしれません。これは少し前の話題になりますが、二〇一八年一一月に、文化庁の文化審議会日本語教育小委員会で日本語教育者の新しい資格制度の検討が始まりました。二〇一九年度中に結論を出すことがめざされています。小委員会の配布資料からは、様々な現場のニーズの高まりに応じるため、しっかりとした資格を作ることが重要という趣旨が読み取れます（文化庁、二〇一八）。有資格者が就労や地域の場でも教える、またはコーディネートを担当していくという流れが期待できます。

ただ、これも「特定技能」の開始には間に合いません。日本で新たに暮らす人が増えていく、そうした入り口が決定した後で、日本語教育を担う人の資格化・養成が始まることになり、完全に後手に回っています。ニーズが急激に高まるため、「日本語教師はある程度スピード感を持って供給していく必要」があり、「難易度の高い試験を課して受験者を振るい落とすというよりも、教員の養成や研修カリキュラムの整備を通じて教員の質を担保していくことに主眼が置かれるだろう」（鈴木、二〇一九、六頁）という見解も見られます。資格試験の難易度が高くないとすれば、十分な専門性を証明する資格にはならない可能性があります。単に頭数を揃えるための資格になってしまわないか、今後も注視していきたいと思います。

なぜ今、日本語教育機関の審査が厳格化されるのか

「総合的対応策」の中でもう一点着目したいのは、日本語教育機関の審査の厳格化です。日本語教育機関は、日本語能力に関する試験の合格率など、明確な数値的基準によって審査され、不適合と判断されれば告示校から削除されるようになります。また、教育機関には、告示基準に合っているかどうかの定期的な点検と地方入国管理局への報告のほか、日本語能力に関する試験結果についても入管に報告し公表することが義務付けられます。また、留学希望者の入国時の在留資格審査も厳格化されます（「総合的対応策」一四―一五頁）。

こうした厳格化によって、第1章の有田が指摘したような、就労目的の留学生を受け入れてきた日本語学校は、淘汰されていくかもしれません。ディスカッション1で庵は、これまでは悪徳学校を「泳がしている」状態だったが、国がそれを排除する方向に行けば日本語教師の待遇は改善されていくのでは、との見通しを語っていました。日本語学校が選別されていくなら、日本語教師の新資格が創設されることもあり、日本語教師の社会的地位は上がっていくかもしれません。

では国は、なぜ「泳がしている」状況を変えようとしているのでしょうか。「総合的対応策」では、二〇一九年三月をめどに、厳格化にかかわる告示基準の改正を行うとしています（一四頁）。なぜ今、このタイミングなのでしょうか。

◇就労目的の留学生の増加

一つには、悪質な留学斡旋ブローカーや、不法就労を推奨するような日本語学校が問題化してきたからということがあります。こうした問題はマスメディアでも盛んに取り上げられており、第1章の有田も動向をまとめています。しかし、就労目的の留学生が多数来日することを、国は予想できなかったのでしょうか。たとえば大手コンビニエンスストア・チェーンのローソンは、二〇一六年からベトナムと韓国に海外研修拠点を開設しています。日本でのアルバイトを前提とした留学希望者を対象に、コンビニで働くための研修を行う施設であり、開設当初から報道もされています（日本経済新聞、二〇一六、毎日新聞、二〇一八、など）。こうしたことが公に許されているということは、就労目的の留学生の受け入れを国が黙認してきたに等しく、まさに庵がいうところの「泳がしている」状態だったと言えるでしょう。

就労目的の留学生が増えすぎたり問題が大きくなってきたら、日本語教育機関や入国の審査を厳しくするという流れは、「留学生一〇万人受入れ計画」から「上海事件」後までに起こった動きと非常によく似ています。すなわち、「留学生一〇万人受入れ計画」発表前後に景気がよくなると、まず一九八三年に留学生（日本語学校在籍の「就学生」を含む）のアルバイトが解禁され、留学生の受け入れ目標の数値が発表された一九八四年には入国審査が簡素化されました。その後、不法就労の留学生が増え、一九八八年に留学ビザ乱発に端を発する「上海事件」が起こると、翌一九八九年に日本語教育機関の審査・認定を行う日本語教育振興協会が作られ、一九九〇年には改正入管法の施行で入国審査が厳格化されました。こうした一連の動き（田中（一九九五、一九一―一九二頁）、岡（二〇〇四、二二―二三頁）参照）と現在は同じ構造です。

◇非熟練労働の新たな担い手の出現

先日発表された「外国人雇用状況」（厚生労働省、二〇一九年一月a）によれば、二〇一八年一〇月末時点での、全外国人の雇用者に占める留学生（資格外活動）の割合は二〇・四パーセントで、人数は三〇万人を超えます。技能実習生の約三一万人に迫る数値で、外国人雇用者の五分の一をアルバイト留学生が占めています。

留学生のアルバイト先で割合が大きい業種は、宿泊業、飲食サービス業（三六・六パーセント）、卸売業、小売業（二〇・六パーセント）、他に分類されないサービス業（一五・八パーセント）、製造業（九パーセント）です（厚生労働省、二〇一九年一月b）。このうち、卸売業、小売業は「特定技能」の一四分野には入っていないので、たとえばコンビニでの販売や通信販売の物品仕分け作業といった仕事では、留学生を雇用しようというニーズは変わらないでしょう。しかし一四分野に入った宿泊、飲食サービス業（「特定技能」の分野としては「外食」業）や製造業、他に分類されないサービス業の一部については、留学生に代わって「特定技能」資格の外国人の担う率が増えていくと思われます。

この構造は、再び一九九〇年の改正入管法の施行を思い出させます。このときの改正では、留学生（「就学生」含む）の入国審査が厳しくなり、就労目的の留学生を減らす政策がとられました。同時に、日系ブラジル人をはじめとした日系人が職種を問わずに在留できるようになり、非熟練労働の新たな担い手となりました。このときと同じように、二〇一九年の三月に告示基準を改正し留学生が減ったとしても、四月には「特定技能」資格が始まり、新たな非熟練労働者が生まれます。代替の人手が見込まれているから、国は、日本語教育機関と留学生の入国の審査を厳しくしても問題ないと判断したのではないでしょうか。

◇留学生三〇万人計画の達成

日本学生支援機構によれば、二〇一八年五月一日現在の外国人留学生数は、二九万八九八〇人でした（二〇一九、一頁）。近年は留学生の増加傾向が続いていますので、二〇一九年度内に留学生三〇万人計画が達成されるのはほぼ確実です。この達成目前のタイミングで、日本語教育機関と留学生の入国審査が厳しくなるということも、留学生一〇万人計画達成後の入国管理の変化を思い起こさせます。

留学生一〇万人計画は、留学生（就学生）のアルバイトの規制緩和や受け入れ手続きを簡素化した結果、留学生数が急速に増加し、二〇〇三年に達成されたという指摘があります（坂本、二〇一〇、六〇―六一頁）。達成が発表されたのは二〇〇三年一一月でしたが、まさにそれと同じ月から、入国管理局は入国・在留審査を簡素化するという方針を改め、厳格に実施するようになりました（坂本、二〇一〇、六一頁）。数値目標が達成されれば、ただちに入国管理を厳しくし就労目的の留学生を拒むというこの流れが、目の前で繰り返されようとしてます。

政策を動かすには

昨年末に発表された「総合的対応策」が実行されることで、一時的に膨張した悪質な日本語学校や就労目的の留学生は確実に減るでしょう。この措置で日本語学校等の現場が、ある程度平常状態に戻るのは喜ばしいことかもしれません。日本語学校が淘汰され、職にあぶれる教師たちも出るでしょうが、すでに新たな機会の可能性も見えてきています。新しく作られる日本語教育者の資格試験を受け、「特定技能」の外国人を送り出す国や受け入れる企業、暮らしの場となる地方公共団体、介護や看護人材の養成施設などで、活躍することができるかもしれません。

しかし留学生一〇万人計画のころを思い出してみると、すべてが政策的に仕組まれていることではないかという確信に近い疑いを持ちます。X年までに留学生Y人受け入れという数値目標が出され、好景気や少子高齢化などで人手不足が深刻化すれば、就労目的の留学生や受け入れ日本語教育機関も野放しにする。当然の結果として問題も起こってくるが、いったん目標が達成され、代替の人手も確保されれば、今度は問題解決のためという名目ですぐにルールを厳格化し、日本語学校や留学生の削減に動く。このような仕組みにがっちりと埋め込まれ、日本語教育の現場は翻弄されてきたし、今も翻弄されようとしています。

この仕組みに抗うには、一体どうすればよいのでしょうか。

◇「実態」の研究

一つには、仕組みの「実態」を明らかにすることです。「特定技能」をめぐってここに私が書いてきたことは、疑念と仮説の集合にすぎません。新日本語テストの開発やそれに向けての準備は間に合うのか、間に合うとしたらごく簡単なテストなのではないか。送り出し国では適切な日本語教育が行われているのか。来日後の日本語教育は不十分にしか行われないのではないか。日本語教育者の新資格も作られるというが、需要に応えるための安易な試験内容にならないか。日本語教育機関や留学生の入国審査が厳格化されるのは、代替となる就労者の確保と、留学生三〇万人計画の達成の見通しがついたからではないか。こうした疑問や仮説は、現時点で公になっている資料に基づいた結果として出てきたわけですが、本当にそうなのかについては、実態を検証しなければなりません。第3章の寺沢が論じたように、立場によって何が合理的であるかは変わるということを念頭に置きながら、意味のある研究方法によって何が原因でどのような結果が生まれるのかが分析できれば、日本語教育を取り囲む政策の実態を解きほぐしていくことができます。

「特定技能」のように目下進行中の時事的な動きについては、ジャーナリズムやマスメディアの報道が盛んで、研究者はなかなかそれに追いつけません。ただ、研究の世界は、ジャーナリズムやマスメディアよりも長いスパンと広い射程で対象を捉え、また学術的な裏付けのある方法によって、普遍性のある答えを導き出すことが可能です。また研究はそのようにあるべきとも思います。

寺沢のいう実態調査の研究は、英語教育同様、日本語教育でも非常に少なかったのですが、最近、日本語教育機関の悪質さについて、データに基づいて明示しようとする論考に出会いました（井上、二〇一八（未公刊））。このようなタイプの研究が蓄積されれば、日本語教育のみならず言語文化教育の政策の姿が描き出され、そこへの働きかけの仕方もはっきりと見えてくることでしょう。

◇政策に合った教育提案

もう一つは、政策の実施やその結果起こる問題に対応すべく、現実的かつ具体的な提案を行っていくというやり方です。第2章の庵は、国が短期留学生受け入れを進めており、大学に来る留学生の日本語学習動機が弱まっているという現状認識から、「やさしい日本語」の考え方と方法を用いることを提案しました。初級の段階から、自分が考えていることを日本語でも表現できるようにする、そうなれば英語ではなく日本語を学ぼう、日本へ留学しようと思う留学生も増える、結果、大学の日本語教育担当のテニュアポストも守ることができる。この庵の提案は一読では対症療法的に見えるかもしれませんが、実は政策が仕組んだ構造を揺るがす可能性を持っています。

「やさしい日本語」は、大学の短期留学生だけでなく、地域で暮らす外国人の日本語教育や、外国につながる子どもたちの入門教育など、広い範囲で応用可能なものとして設計されています（庵、二〇一六b）。この日本語教育が広く実現すれば、外国人は、日本語を学び始めたごく初歩の段階から自分の意志や気持ちを表明できるようになります。来日して間もない外国人にも、自分にとって問題と思われることを指摘し変えていく行動が、可能になるということです。教育という場は、ルールで縛られている部分もありながら、そのルールを打ち破っていくような力も持っていると思います。留学生が日本語を使えるようにするといった大きな枠組みが課されていたとしても、具体的に何を伝えようとするのかは教育者のプランや具体的な投げかけによりいかようにも変わります。大学行政に評価される形で日本語教育を実行していくことは、教育研究者のテニュアポストの確保につながり、政策の実態を批判的に研究するための基盤を守ることになるでしょう。政策の内部にあえてはまり込んで、それを一面では実現しつつ、政策を批判していくような留学生を育てたり、メタ的に研究するためのポストを確保していく、そうした道筋を戦略的に考えていく必要があります。

◇議論と行動

最後に日本語教育者が集団として、政策に働きかけていくことも大切だと思います。ディスカッション1で話題に上ったように、日本語教育学界は、少なくとも英語教育学界よりは、政策に直接的な働きかけをしてきたようです。国の政策方針に左右されやすい、しかも現場が混乱し大変になる形で動かされやすい世界なので、それを防ぐためにはこちらから働きかけざるを得ないということもあるでしょう。政策に動かされやすいということは、政策に取り込まれやすいということでもあり、一国主義的な発想に縛られやすいという問題もあります（牲川、二〇一二）。しかし日本語教育者の地位が非常に不安定だという現状の中では、まずは集団として存在をアピールし、日本の政策に対し声を投げかけてみることも大切だと思います。

最近では、「日本語教育の推進に関する法律案」の早期成立をめざした署名運動が行われ、二〇一八年一二月二〇日からの約一か月半で一万四五〇〇筆近い署名が集まりました（神吉、二〇一九）。また、学会活動の一つとして、有志が各地で「外国人材受け入れ拡大施策を考える」ためのタウンミーティングを開き、その結果を報告し合ったあと、学会が取りまとめて「私たちのビジョン&アクション」をウェブで公開するという活動も進行中です（言語文化教育研究学会、二〇一八）。ほかにも第1章の有田が紹介しているように、ウェブ上も含め、「小さな気軽な連帯」の日本語教師の会が広がりつつあります。

おわりに

政策に対し働きかけていくと言っても、方法はいろいろです。研究者としてなのか、教育者としてなのか、一市民としてなのか、立場をどうとるかで関わり方も変わってくるでしょう。それらすべてを一人の人間がこなしていくのは難しいと思います。今回、シンポジウムの企画から本書の執筆・編集作業に携わるにあたり、日本語教育と政策の最近の動向だけでも把握したいと考えました。公的な資料には可能な限り当たってみたつもりですが、過去の情報が芋づる式に出てくるだけでなく、新たな情報が刻々と加わり、全体的な様相をつかむのに苦労しました。本書をきっかけに、ことばと政策の関係に興味をもち、政策を変えていくような研究、教育、活動をともに考えていくような仲間が増えていくことを、心から願っています。

本書の出版にあたっては、著者の一人、庵功雄さんに特にご尽力いただきました。改めてお礼申し上げます。

文献一覧

浅野真一（一九九三）『現代日本社会の構造と転換』大学教育出版．

朝日新聞（二〇一七年二月二七日）授業は教科書を読むだけ…—悪質な日本語学校を野放しに『朝日新聞デジタル』．http://www.asahi.com/articles/ASK2V6226K2VTIPE00Z.html

朝日新聞（二〇一八年三月八日）．介護実習生に日本語新試験　人材確保に方針転換『朝日新聞デジタル』．https://www.asahi.com/articles/ASL3753DQL37UTFK00Z.html

荒牧浩太他 webjapanese 日本語教育（二〇一八年一月三〇日）．日本語教育あれこれ．https://webjapanese.com/blog/j/study/nihongokyooikuarekore/

有川友子（二〇一三）．これからの留学生アドバイジングを考える—COISAN（国立大学留学生指導研究協議会）における門倉正美教授のご活躍を振り返って『横浜国立大学留学生センター教育研究論集』二一、三三–四〇．

有田佳代子（二〇〇九）．パーマーのオーラル・メソッド受容についての一考察—「実用」の語学教育をめぐって『一橋大学留学生センター紀要』一二、二七–三九．

有田佳代子（二〇一六）．『日本語教師の葛藤—構造的拘束性と主体的調整のありよう』ココ出版．

有田佳代子、志賀玲子、渋谷実希（編）、新井久容、新城直樹、山本冴里（二〇一八）．『多文化社会で多様性を考えるワークブック』研究社．

安東明珠花、岡典栄、庵功雄（二〇一九）．ろう児に対する書記日本語教育—格助詞の定着に向けた指導法の開発『人文・自然研究』一三、一三二–一四五．一橋大学．

イ・ヨンスク（二〇一三）．日本語教育が「外国人対策」の枠組みを脱するために．庵功雄、イ・ヨンスク、森篤嗣（編）『「やさしい日本語」は何を目指すか』（二五九–二七八頁）ココ出版．

庵功雄（二〇〇九）．推量の「でしょう」に関する一考察．『日本語教育』一四二、五八–六八．

庵功雄（監修）（二〇一〇、二〇一一）．『にほんごこれだけ！1、2』ココ出版．

庵功雄（二〇一二）．『新しい日本語学入門（第二版）』スリーエーネットワーク．

庵功雄（二〇一三a）．『日本語教育、日本語学の「次の一手」』くろしお出版．

庵功雄（二〇一三b）．日本語は非論理的な言語か『日本語教育、日本語学の「次の一手」』（一四〇–一五三頁）くろしお出版．

庵功雄、イ・ヨンスク、森篤嗣（編）（二〇一三）．『「やさしい日本語」は何を目指すか』ココ出版．

庵功雄（二〇一四）．「「やさしい日本語」研究の現状と今後の課題」『一橋日本語教育研究』二、一－一二．

庵功雄、山内博之（編）（二〇一五）．『データに基づく文法シラバス』くろしお出版．

庵功雄（二〇一五a）．日本語学的知見から見た初級シラバス．庵功雄、山内博之（編）『現場に役立つ日本語教育研究1 データに基づく文法シラバス』（一－一四頁）くろしお出版．

庵功雄（二〇一五b）．日本語学的知見から見た中上級シラバス．庵功雄、山内博之（編）『現場に役立つ日本語教育研究1 データに基づく文法シラバス』（一五－四六頁）くろしお出版．

庵功雄（二〇一五c）．「やさしい日本語」研究が日本語母語話者にとって持つ意義『一橋大学国際教育センター紀要』六、三－一五、一橋大学．

庵功雄（二〇一六b）．『やさしい日本語―多文化共生社会へ』岩波新書．

庵功雄（二〇一七）．『一歩進んだ日本語文法の教え方1』くろしお出版．

庵功雄、早川杏子（二〇一七）．ＪＳＬ生徒対象の漢字教育見直しに関する基礎的研究―理科教科書の音訓率を中心に『人文・自然研究』一一、四－一九、一橋大学．

庵功雄（二〇一八a）．新しい留学生向け総合教科書作成のための予備的考察『言語文化』五四、三－一九、一橋大学．

庵功雄（二〇一八b）．日本語教育における漢字教育に求められるもの『ことばと文字』一〇、七六－八二、日本のローマ字社．

庵功雄（二〇一八c）．『一歩進んだ日本語文法の教え方2』くろしお出版．

庵功雄（二〇一八d）．「国際日本語」としての〈やさしい日本語〉―「かわいい日本語に旅をさせる」ために『日本言語政策学会第二〇回大会予稿集』九七－九九．

井上徹（二〇一八）．『日本語教育の危機とその構造―「一九九〇体制」の枠組みの中で』一橋大学博士学位論文（未公刊）．

今井新悟（二〇一五）．「大規模ｅ－ｌｅａｒｎｉｎｇ教育と日本語教育の未来」『ことばと文字』四、八九－九六、日本のローマ字社．

岩切朋彦（二〇一五）．日本語学校におけるネパール人学生の様相とその諸問題―福岡県Ａ校に通うネパール人学生へのライフストーリーインタビューから『西南学院大学大学院国際文化研究論集』九、七九－一一三．

岩田一成（二〇一〇）．言語サービスにおける英語志向『社会言語科学』一三（一）、八一－九四．

岩田一成（二〇一三）．「やさしい日本語」の歴史．庵功雄、イ・ヨンスク、森篤嗣（編）『「やさしい日本語」は何を目指すか』（一五－三〇頁）ココ出版．

岩田一成（二〇一五）．日本語教育初級文法シラバスの起源を追う『聖心女子大学論叢』一二六、九二－六七．

岩田一成（二〇一六）．『読み手に伝わる公用文』大修館書店．

上野千鶴子（二〇一一）．『ケアの社会学―当事者主権の福祉社会』太田出版．

牛窪隆太（二〇一四）．『日本語教師性を構築する制度と日本語教育―教師主体の日本語教育の構想に向けて』早稲田大学博士論文．
浦野研、亘理陽一、田中武夫、藤田卓郎、高木亜希子、酒井英樹（二〇一六）．『はじめての英語教育研究―押さえておきたいコツとポイント』研究社．
太田陽子、永谷直子、中石ゆうこ（二〇一八）．8種のコーパスに見る技能別特徴項目―高等教育機関で学ぶ留学生のためのシラバス再考のために『一橋大学国際教育センター紀要』九、八五―九四．
岡益巳（二〇〇四）．留学生の資格外活動許可基準の歴史的変遷とその諸問題『留学生教育』九、一九―三三．
岡本智周、笹野悦子（二〇〇一）．戦後日本の「サラリーマン」表象の変化―『朝日新聞』を事例に『社会学評論』五二（一）、一六―三二．
小熊英二（一九九五）．『単一民族神話の起源―「日本人」の自画像の系譜』新潮社．
奥村訓代（二〇一七）．日本語教員養成課程の目指すもの―高知大学の場合『大学日本語教員養成課程研究協議会論集』一五、四五―五九．
外国人材の受入れ・共生に関する関係閣僚会議（二〇一八）．外国人材の受入れ・共生のための総合的対応策．http://www.moj.go.jp/content/001280353.pdf
カイザー・シュテファン（二〇一八）．漢字と日本語教育―非漢字系からの（非）観点『ことばと文字』一〇、六八―七五．日本のローマ字社．
外務省（二〇一九年一月）．平成三〇年度外務省所管補正予算（第二号―追加財政需要）https://www.mofa.go.jp/mofaj/files/000432264.pdf
閣議決定（二〇一六年六月）．日本再興戦略二〇一六―第四次産業革命に向けて．https://www.kantei.go.jp/jp/singi/keizaisaisei/pdf/2016_zentaihombun.pdf
閣議決定（二〇一八年六月）．経済財政運営と改革の基本方針二〇一八―少子高齢化の克服による持続的な成長経路の実現．http://www5.cao.go.jp/keizai-shimon/kaigi/cabinet/2018/2018_basicpolicies_ja.pdf
閣議決定（二〇一八年一二月ａ）．特定技能の在留資格に係る制度の運用に関する基本方針について．http://www.moj.go.jp/content/001278434.pdf
閣議決定（二〇一八年一二月ｂ）．特定技能の在留資格に係る制度の運用に関する方針について．http://www.moj.go.jp/content/001278435.pdf
金子恵妙（二〇一五年五月一五日）．主婦に密かな人気、「日本語教師」は稼げるか―気になる時給とやりがいは？『東洋経済ＯＮＬＩＮＥ』．http://toyokeizai.net/articles/-/68954
神吉宇一（二〇一九年二月）．署名活動のご協力ありがとうございました―日本語教育の推進に関する法律の早期成立を要望する会．https://www.change.org/p/外国人の日本語教育を法的に位置付けるための法律の早期成立を求めます/u/24115076
亀川順代（二〇〇五）．日本語教師のメタファーに現れた日本語教育の特性―学校教師のメタファーと比較して．同志社大学社会

学部教育文化学研究室『教育文化』一四、七五-九五．
川上郁雄研究室（二〇一〇）．鈴鹿市JSLバンドスケール・プロジェクト．http://www.gsjal.jp/kawakami/suzuka.html
河路由佳（二〇〇九）．戦後（一九四五―一九七四年）の高橋一夫・鈴木忍と日本語教育―一九七四年の座談会録音テープより（二）『東京外国語大学論集』七九、四一五-四三四．
経済産業省（二〇一八年四月）．将来の介護需給に対する高齢者ケアシステムに関する研究会報告書．http://www.meti.go.jp/press/2018/04/20180409004/20180409004-2.pdf
言語文化教育研究学会（二〇一八年三月）．みんなでタウンミーティング&学ぶ会「外国人材受け入れ拡大施策を考える」．http://alce.jp/spec18.html#e
厚生労働省（二〇一五年六月）．二〇二五年に向けた介護人材にかかる需給推計（確定値）について．https://www.mhlw.go.jp/file/04-Houdouhappyou-12004000-Shakaiengokyoku-Shakai-Fukushikibanka/270624houdou.pdf_2.pdf
厚生労働省（二〇一六年三月）．看護職員の需給に関する基礎資料（医療従事者の需給に関する検討会：看護職員需給分科会資料三）http://www.mhlw.go.jp/file/05-Shingikai-10801000-Iseikyoku-Soumuka/0000117665.pdf
厚生労働省（二〇一六年一一月）．［別紙1］看護師等養成所の運営に関する指導ガイドライン『「看護師等養成所の運営に関する指導ガイドラインについて」の一部改正について』．https://www.mhlw.go.jp/web/t_doc?dataId=00tc2280&dataType=1&pageNo=1
厚生労働省（二〇一九年一月a）．［別表1］国籍別・在留資格別外国人労働者数『「外国人雇用状況」の届出状況表一覧（平成三〇年一〇月末現在）』．https://www.mhlw.go.jp/content/11655000/000472893.pdf
厚生労働省（二〇一九年一月b）．［別表6］在留資格別・産業別外国人労働者数『「外国人雇用状況」の届出状況表一覧（平成三〇年一〇月末現在）』．https://www.mhlw.go.jp/content/11655000/000472893.pdf
国際交流基金（二〇一六）．『二〇一五年度海外日本語教育機関調査結果』．https://www.jpf.go.jp/j/about/press/2016/dl/2016-057-2.pdf
坂本政明（二〇一〇）．留学生の資格外活動による退去強制処分についての一考察―留学生が「引き続き在留する権利」の保障に向けて『移民政策研究』二、五九-七三．
佐々木香織（二〇一八）．外国につながる子どもの学習支援の現状と課題―外国人散住地域・新潟の事例より『日本語教育』一七〇、一一-一六．
笹野悦子（一九九九）．戦後マスメディアにおける「主婦」の意味―「朝日新聞」を事例に『社会学年誌』四〇、一四一-一五七．
佐藤和之（二〇〇四）．災害時の言語表現を考える『日本語学』二三(八)、三四-四五．
志賀玲子（二〇一六）．日本語教師養成講座の社会的意義についての考察―社会への再参加という視点から『二〇一六日本語教育国際研究大会予稿集（電子版）』．

志村ゆかり（二〇一九）．日本における年少者日本語教育と〈やさしい日本語〉．庵功雄、岩田一成、柳田直美（編）『〈やさしい日本語〉と多文化共生』（三七-四三頁）ココ出版．

鈴木江理子（二〇一六）．非正規滞在者からみた日本の外国人政策—本音とタテマエ．有田伸、山本かほり、西原和久（編）『国際移動と移民政策—日韓の事例と多文化主義再考』（三三-四六頁）東信堂．

鈴木智也（二〇一九）．外国人労働者との共生、優先課題は？—高齢者活躍で日本語教育の強化を『ニッセイ基礎研レター』二〇一九-〇一-二三．ニッセイ基礎研究所．https://www.nli-research.co.jp/files/topics/60618_ext_18_0.pdf?site=nli
スリーエーネットワーク（編）（二〇一二）．『みんなの日本語　初級Ｉ　第二版　本冊』スリーエーネットワーク．

スリーエーネットワーク（編）（二〇一三）．『みんなの日本語　初級Ⅱ　第二版　本冊』スリーエーネットワーク．

瀬尾匡輝・有森丈太郎・鬼頭夕佳・佐野香織・瀬尾悠希子・橋本拓郎・米本和弘（二〇一六）．オンラインでのつながりがもたらす教師たちの変容—『つながろうねっと』の４年間の活動をふりかえって『茨城大学留学生センター紀要』一四、七七-九二．

牲川波都季（二〇一二）．『戦後日本語教育学とナショナリズム—「思考様式言説」に見る包摂と差異化の論理』くろしお出版．

牲川波都季（二〇一八）．グリーン・ツーリズム運営農家Ａ夫妻の他者認識—伝え合いの意志が生まれるところ『言語文化教育研究』一六、九六-一一四．

全日本教職員組合（二〇一七年九月）．改訂学習指導要領実施に伴う、小学校における中学年での「外国語活動」、高学年での『外国語科』の導入にかかわる緊急要請を実施．http://www.zenkyo.biz/modules/zenkyo_torikumi/detail.php?id=652
田尻英三（二〇一〇）．日本語教育政策・機関の事業仕分け．田尻英三、大津由起雄（編）『言語政策を問う！』（五一-一〇三頁）ひつじ書房．

田尻英三（二〇一七）．外国人労働者受け入れ施策と日本語教育．田尻英三（編）『外国人労働者受け入れと日本語教育』（一九-七五頁）ひつじ書房．

田中克彦（一九八九）．『国家語を越えて』筑摩書房．

田中宏（一九九五）．『在日外国人　新版』岩波書店．

電通（二〇一六年八月）．電通、産学連携の「やさしい日本語ツーリズム研究会」を発足．http://www.dentsu.co.jp/news/release/2016/0818-009011.html
土岐哲（一九九四）．聞き手の国際化『日本語学』一三(一三)、七四-八〇．

中川雅之（二〇一五）．『ニッポンの貧困—必要なのは「慈善」より「投資」』日経ＢＰ社．

中島隆（二〇一七）．『ろう者の祈り』朝日新聞出版．

中村重穂（二〇〇八）．日本語教育史研究方法論の再検討のために・その２　安田—松岡「論争」その他の問題に寄せて『北海道大学留学生センター紀要』二、五六―七五．

中村妙子（二〇一八）．「同僚性」の構築を可能にするものとは―ツールとしての学びの場を共有することを通して『二〇一八年度日本語教育学会春季大会予稿集（電子版）』二〇一―二〇五．

西日本新聞社（編）（二〇一七）『新移民時代―外国人労働者と共に生きる社会へ』明石書店．

西日本新聞（二〇一八年六月六日）．［連載］新移民時代―外国人就労資格を創設　介護や農業など五分野想定二五年に五〇万人確保へ『西日本新聞ｗｅｂ』https://www.nishinippon.co.jp/feature/new_immigration_age/article/422295/

仁田義雄（二〇一五年九月）．文部科学省の通知について．https://www.jpling.gr.jp/notice/mext2015/

日本学生支援機構（二〇一七）．『平成二九年度外国人留学生在籍状況調査結果』．https://www.jasso.go.jp/about/statistics/intl_student_e/2017/__icsFiles/afieldfile/2018/02/23/data17.pdf

日本学生支援機構（二〇一九）．『平成三〇年度外国人留学生在籍状況調査結果』．https://www.jasso.go.jp/about/statistics/intl_student_e/2018/__icsFiles/afieldfile/2019/01/16/datah30z1.pdf

日本経済新聞（二〇一六年六月五日）．小売り、外国人パート・アルバイト確保に熱―ローソン、ベトナムで研修／西友は昇格試験を英語で『日本経済新聞』電子版．https://www.nikkei.com/article/DGXLZO03240750V00C16A6TJC000/

日本経済新聞（二〇一八年五月二九日）．外国人、単純労働にも門戸―政府案「二五年に五〇万人超」『日本経済新聞』電子版．https://www.nikkei.com/article/DGXMZO31103490Z20C18A5MM8000/

日本経済新聞（二〇一八年一〇月八日）．新たな日本語能力テスト 政府、外国人労働者拡大に備え『日本経済新聞』電子版．https://www.nikkei.com/article/DGXMZO36235680X01C18A0PE8000/

日本語教育学会（二〇一五年四月）．技能実習生としての外国人介護人材受入れにおける日本語要件と日本語教育に関わる要望書．http://www.nkg.or.jp/pdf/hokokusho/20150402kaigo_yobosho.pdf

日本語教育学会（二〇一六年一二月）．日本語教育推進議員連盟の第二回総会におけるヒアリングに関して．http://www.nkg.or.jp/wp/wp-content/uploads/2016/12/nihongogiren161206.pdf

日本語教育学会（二〇一七年七月）．介護・技能実習生の受け入れに関するパブリックコメントの募集．http://www.nkg.or.jp/wp/wp-content/uploads/2017/07/20170712PC.pdf

日本語教育学会看護と介護の日本語教育ワーキンググループ（編）（二〇一三年三月）．『看護と介護の日本語教育ワーキンググループ最終報告書』日本語教育学会．http://www.nkg.or.jp/kangokaigo/houkokusho/

日本語教育学会日本語教育振興法法制化ワーキンググループ（編）（二〇一三年二月）．『日本語教育学会日本語教育振興法法制化ワーキンググループ最終報告書―日本語教育政策に現場の知恵を生かすために』日本語教育学会．http://www.houseika2012.net/wordpress/

日本語教育学会日本語教育法制化推進委員会（編）（二〇一四年三月）．『日本語教育法制化推進委員会最終報告書―現場の知恵を日本語教育政策に生かす道筋』日本語教育学会．http://www.nkg.or.jp/oshirase/2014/houseikahoukoku.pdf

日本語教育振興協会（編）（二〇一八年三月）．『平成二九年度日本語教育機関実態調査―結果報告』

日本国際教育支援協会（二〇一八）．日本語教育能力検定試験 全科目受験者 年代別比 推移『平成二九年度日本語教育能力検定試験―応募者・全科目受験者の状況』．http://www.jees.or.jp/jltct/pdf/graphs/2017_jltct_3_nendaibetsu.pdf

纐纈憲子（二〇一五）．日本語とポップカルチャーコースをつなぐジョイントティーチングの試み．佐藤慎二、高見智子、神吉宇一、熊谷由理（編）『未来を創ることばの教育をめざして』（二四七―二七八頁）ココ出版．

林伸一（二〇一六）．日本語教員を取り巻く状況の変化―日本語教育の三八年間を振り返る『山口大學文學會志』六六、五三―八六．http://petit.lib.yamaguchi-u.ac.jp/G0000006y2j2/file/26382/20160901111948/B06006600004.pdf

文化庁（編）（二〇〇四）．『地域日本語学習支援の充実―共に育む地域社会の構築に向けて』．

文化庁（二〇一七年二月）．『平成二九年度国内の日本語教育の概要』．http://www.bunka.go.jp/tokei_hakusho_shuppan/tokeichosa/nihongokyoiku_jittai/h29/

文化庁（二〇一八）．日本語教育能力の判定に関する意見の整理と主な論点（案）（文化庁文化審議会国語分科会第九〇回日本語教育小委員会 資料三）．http://www.bunka.go.jp/seisaku/bunkashingikai/kokugo/nihongo/nihongo_90/pdf/r1411478_02.pdf

法務省入国管理局（二〇一六年七月）．日本語教育機関の告示基準．http://www.moj.go.jp/content/001199295.pdf（最終確認日：二〇一八年六月二〇日．現在は削除され二〇一八年の改定後の告示基準を掲載）

法務省入国管理局（二〇一八年一〇月）．新たな外国人材の受入れに関する在留資格「特定技能」の創設について．https://www.kantei.go.jp/jp/singi/gaikokujinzai/kaigi/dai2/siryou2.pdf

法務省、警察庁、外務省、厚生労働省、Y省（二〇一八年一二月）．X分野における特定技能の在留資格に係る制度の運用に関する方針」に係る運用要領（※Xには各分野名、Yには当該産業分野を所管する関係行政機関名が入る。）．http://www.moj.go.jp/content/001279756.pdf

毎日新聞（二〇一八年一一月一四日）．縮む日本の先に「移民社会」の足音／二 コンビニ「専門性」の壁 外国人拡大、外食に光『毎日新聞』東京朝刊、三頁．https://mainichi.jp/articles/20181114/ddm/003/040/139000c

松岡弘（二〇〇三）．コメニウスと山口喜一郎、そして言語教育の普遍性について『一橋論叢』一二九（三）、一七五―一九三．

丸山敬介（二〇一五）．「日本語教師は食べていけない」言説―その起こりと定着『同志社大学大学院文学研究科紀要』一五、二五―六二．

丸山敬介（二〇一六）．「日本語教師は食べていけない」言説―『月刊日本語』の分析から『同志社大学大学院文学研究科紀要』一六、一―三六．

丸山茂樹（二〇一七）．「日本語教育における日本語学校の位置づけ」．田尻英三（編）『外国人労働者受け入れと日本語教育』（七七―

一〇九頁）ひつじ書房．
村上吉文（二〇一八）．『ＳＮＳで外国語をマスターする《冒険家メソッド》』ココ出版．
文部科学省（二〇〇六年三月）．世界の母語人口（上位二〇言語）．http://www.mext.go.jp/b_menu/shingi/chukyo/chukyo3/015/siryo/attach/1400975.htm
文部科学省（二〇〇九年四月）．『平成二一年度国際化拠点整備事業（グローバル三〇）公募要領』．https://www.jsps.go.jp/j-kokusaika/data/meibo_siryou/h26/h26_kokusaika1_sankou_1.pdf
文部科学省（二〇一四年一月）．学校教育法施行規則の一部を改正する省令等の施行について（通知）．http://www.mext.go.jp/a_menu/shotou/clarinet/003/1341903.htm
文部科学省（二〇一四年四月）．『平成二六年度スーパーグローバル大学等事業「スーパーグローバル大学創成支援」公募要領』．https://www.jsps.go.jp/j-sgu/data/download/01_sgu_kouboyouryou.pdf
文部科学省、厚生労働省（二〇一六年三月）．「社会福祉士学校及び介護福祉士学校の設置及び運営に係る指針について」の一部改正について．https://www.mhlw.go.jp/file/06-Seisakujouhou-12000000-Shakaiengokyoku-Shakai/0000152719.pdf
文部科学省初等中等教育局（二〇一七年七月）．平成二九年度都道府県・市区町村等日本語教育担当者研修—外国人児童生徒等教育の現状と課題．http://www.bunka.go.jp/seisaku/kokugo_nihongo/kyoiku/todofuken_kenshu/h29_hokoku/pdf/shisaku03.pdf
文部省（編・監修）（一九九二）．『学制百二十年史』ぎょうせい．
保田直美（二〇〇三）．臨床心理学における科学性規準の変遷『教育社会学研究』七二、一三一–一四九．
柳田直美（二〇一五）．『接触場面における母語話者のコミュニケーション方略』ココ出版．
山内博之（二〇〇九）．『プロフィシエンシーから見た日本語教育文法』ひつじ書房．
山内博之（二〇一五）．話し言葉コーパスから見た文法シラバス．庵功雄、山内博之（編）『現場に役立つ日本語教育研究１ データに基づく文法シラバス』（四七–六六頁）くろしお出版．
山本冴里（二〇一八年七月一日）．『愛国心・メディア・宗教・性—第二言語、外語での教育実践を通して、私たちはどこまで行けるのか』第一回批判的言語教育国際シンポジウム 未来を創ることばの教育をめざして—内容重視の批判的言語教育（Critical Content-Based Instruction: CCBI）のその後 口頭発表資料、武蔵野大学．http://www.cocopb.com/ccbi-conference/schedule_files/CCBI180701_saeri_yamamoto.pdf
Frey, C. B., & Osborne, M. A. (2013). *The future of employment: How susceptible are jobs to computerisation?* Oxford Martin Programme on Technology and Employment. https://www.oxfordmartin.ox.ac.uk/downloads/academic/future-of-employment.pdf

Gerdes, J. (2013). New challenges for university language teaching in the course of the Bologna reform process. *Proceedings of I-KNOW '06, Graz, Austria*, September 6-8, 2006.

Iori, I. (2016). The enterprise of Yasashii Nihongo: For a sustainable multicultural society.『人文・自然研究』10, 4-19.

Iori, I., & Oka, N. (2016). A preliminary study on teaching written Japanese to deaf children. *Hitotsubashi Journal of Arts and Sciences*. 57-1, 21-28.

Krashen, S. D. (1985). *The input hypothesis: Issues and implications*. London: Longman.

ＮＨＫ（二〇一七年二月二四日）．〝働く留学生〟―ニッポンを支える現実．https://www.nhk.or.jp/seikatsu-blog/800/263801.html

ＮＨＫ（二〇一七年三月二五日）．追いつめられる留学生―ベトナム人犯罪〝急増〟の裏側で．https://www.nhk.or.jp/gendai/articles/4073/index.html

ＳＹＮＯＤＯＳ（二〇一七年四月一八日）．過酷な労働を強いられる外国人留学生たち―移民政策を問う前に向き合わねばならない．

The Foreign Service Institute (2017). Language difficulty ranking. https://www.effectivelanguagelearning.com/language-guide/language-difficulty

[著者]

牲川 波都季（せがわ はづき）／編者
関西学院大学総合政策学部 准教授
著書に『戦後日本語教育学とナショナリズム―「思考様式言説」に見る包摂と差異化の論理』（くろしお出版）、『わたしを語ることばを求めて―表現することへの希望』（共著、三省堂）。
http://segawa.matrix.jp

有田 佳代子（ありた かよこ）
新潟大学教育・学生支援機構グローバル教育センター 准教授
著書に『日本語教師の「葛藤」』（ココ出版）、『多文化社会で多様性を考えるワークブック』（共著、研究社）など。

庵　功雄（いおり いさお）
一橋大学国際教育交流センター 教授
著書に『やさしい日本語―多文化共生社会へ』（岩波書店）、『一歩進んだ日本語文法の教え方1・2』（くろしお出版）、『新しい日本語学入門』（スリーエーネットワーク）など多数。
日本語教育学会第10回日本語教育奨励賞受賞。
http://www12.plala.or.jp/isaoiori/

寺沢 拓敬（てらさわ たくのり）
関西学院大学社会学部 准教授
著書に『「なんで英語やるの?」の戦後史―《国民教育》としての英語、その伝統の成立過程』『「日本人と英語」の社会学―なぜ英語教育は誤解だらけなのか』（ともに研究社）。
日本教育社会学会第6回学術奨励賞受賞。
https://terasawat.jimdo.com

日本語教育はどこへ向かうのか
移民時代の政策を動かすために

編著者▶牲川 波都季

著者▶有田 佳代子・庵 功雄・寺沢 拓敬

発行日▶2019年　6月　1日　第1刷発行
2019年　12月　20日　第2刷発行

発行人▶岡野秀夫

発行所▶株式会社くろしお出版
〒102-0084 東京都千代田区二番町4-3
Tel. 03-6261-2867　E-mail: kurosio@9640.jp

印刷所▶シナノ書籍印刷　装丁▶折原カズヒロ

ISBN ▶978-4-87424-805-8 C0080 Printed in Japan